青野慶久
Yoshihisa Aono

「選択的」夫婦別姓

IT経営者が裁判を起こし、考えたこと

ポプラ新書
213

はじめに

長年の議論、選択的夫婦別姓問題

「じつは私、結婚するんだ」

「えーっ、おめでとう！　加藤くんと？」

「そう。来月に籍を入れる予定」

「じゃあ、加藤詩織になるんだ。いい響きだね！」


こうしたやりとりは、毎日のように日本中で交わされています。一見、違和感のない会話に思えるでしょう。とくに、「結婚する」と告げたのが女性であれば。相手の名字と本人の下の名前を続けて呼んでみて、「いいね！」と盛り上がるかもしれません。

これは、僕たちが「夫婦同姓」を当たり前だと思っているからです。「結婚したら夫婦は同じ姓になる」と。なぜか。法律でそう定められていて、社会に暮らすみんながそれに従っているからです。日本では明治時代にあたる1898（明治31）年以来、結婚するときに夫婦で同じ姓を名乗ることが法律（民法）で義務づけられています。夫となる人か妻となる人の姓、どちらかを選ぶ。選ばなかったほうの姓は、いわば捨てることになるわけです。

法律上は、男女どちらの姓を選んでも構わないことになっています。平等です。しかし現実は、男性側の姓を名乗るカップルが96パーセント。男性のタナカさんと女性のコジマさんが結婚したら、妻はコジマさんであることをやめ、タナカ姓を名乗る。これがいまの日本における、〝スタンダード〟な結婚のかたちと言えるでしょう。

しかし、明治時代から大正、昭和、平成を経た、令和のいま、この〝スタンダード〟によって困りごとを抱えている人が多くいるのをご存じでしょうか。名義変更等の煩雑さに頭を悩ませたり、仕事上のトラブルに発展したり、小さいころから馴染《なじ》んできた名前を失う喪失感に耐えられなかったり。ひとりっ子同士のカップルでは、結婚自体を諦めなければならないケースさえあるのです。

そんな欠陥のある制度、時代に合わない制度は、変えたほうがいいに決まっています。誰かの困りごとは解決していこうと努力する。それが、社会のあるべき姿のはずです。

僕たちは、「強制的夫婦同姓」ではなく「選択的夫婦別姓」を、これからの「当たり前」にしていくことをゴールにしています。つまり、結婚するときに同じ姓にするかどうか、自分たちで選べるようにしたいのです。

いまと同じように、結婚相手と同じ姓を名乗りたいカップルはそうすればいい。そうしたくないカップルは、お互いが長年使ってきた姓のまま結婚できるようにしよう。

そんな新しい結婚と名前のあり方を目指しています。

僕の名前は青野で、青野ではない

はじめまして。青野慶久と申します。職業は、ＩＴ企業の経営者。サイボウズという会社で、グループウェア（社内の情報共有やコミュニケーションを行なうソフトウェア）を提供しています。いまでこそ連結で800人以上の社員を抱え、東証一部に上場しているサイボウズですが、もとは1997年に愛媛県松山市で僕を含めた3人が創業したベンチャー企業です。

企業をお客さんとする僕たちが一般の方々に大きく注目されるようになったのは、2010年以降のことです。「100人100通りの働き方」の取り組みがきっかけでした。

働く社員の多様な価値観を大切にする。公平性よりも個性を重んじる。一人ひとりの「こう働きたい」という願いを叶える。それぞれが抱えている困りごとをチームワークで解決し、幸福を追求する。そんな方針が、おもしろい、先進的だとメディアに取り上げられるようになったのです（エラそうに書きましたが、組織崩壊レベルの離職率に頭を悩ませ、手さぐりの試行錯誤を経てたどり着いたやり方です）。

在宅勤務、子連れ出勤、長期の育児・介護休業、副業、再入社。日本の企業ではまだまだ珍しい人事制度を既存のシステムに「追加」してきました。つまり、働き方の選択肢をどんどん増やし、選択的夫婦別姓ならぬ選択的「勤務形態」を実現してきたのです。その結果、高かった離職率は大きく下がり、業績もずっと伸び続けています。

ちなみにこれは、社会で働き方改革が叫ばれるよりも前のことです。

さて、そんなサイボウズを立ち上げ、経営しているのが僕、青野慶久なわけですが……じつは僕の〝本当の〟名前は「青野」ではありません。「西端慶久」です。子どものころからずっと「青野」で生きてきましたし、本書も「青野」の名前で書いています。ほとんどの知人から「青野さん」と呼ばれますし、普段活用しているSNSツイッターのアカウント名も、「@aono」です。ある意味、世界で「AONO」と言えば僕なのです。

それでも、本名は「西端慶久」。20年ほど前の話になりますが、結婚と同時に妻の姓である「西端」に姓を変更しています（言うまでもありませんが、3人いる子どもの姓も西端です）。

ですから病院や役所にお世話になるとき、飛行機（とくに国際線）に乗るとき、契約書に名前を書くときなど、いわゆる「正式な名前」を求められるときには法律上の本名である「西端」を使わなくてはならないのです。

これがややこしい。正直言ってかなり面倒です。「結婚して姓を変えた女性社員だって、職場では旧姓を使って問題なく仕事をしているし」と軽い気持ちで妻の姓になったものの、「こんなに大変な思いをしていたのか！」と愕然としたのです。

結婚直後の銀行や証券会社の名義変更から、出張時のホテルや航空券の名義確認や使い分けの一手間まで、さまざまな「面倒くさい」の連続。こうした「ちょっとした仕事」は多岐にわたり、しかも一回きりではなく永遠に続いていく。

もっとも、「面倒くさい」くらい我慢しろよ、と思われる方も多いでしょう。しかし、これは当事者だからこそ言えることですが、問題は「面倒くさい」だけでなく、もっと根深いさまざまなことがあるのです。

夫婦別姓になっても日本は壊れない

日本という国に住み、愛するパートナーとの結婚を希望する以上、これらの不利益や理不尽を甘んじて受け入れ続けなければいけないのか？

そんなはずはありません。おかしなルールは変えればいい。僕たちは国民の意思によって法改正できる法治国家に住んでいるのですから。

しかも、僕は決して、これまでどおり「同じ姓になりたい」という夫婦の邪魔をしたいわけではありません。ただ、「それぞれの姓のまま結婚したい」という選択肢をひとつ与えてくれればいいだけの話です。結婚時、夫婦で同じ姓を名乗るかどうか、自分たちで選べることができればいい。

それが、「選択的」という言葉が指す意味なのです。

「選択的夫婦別姓」の議論は、ここ数年、とくに活発になってきました。ニュースでもよく目にするようになったな、と感じる方も多いでしょう。

しかし、じつはこの議論自体は女性が社会で活躍するようになった1980年代から、ずっと存在しています。ただ、なかなか国会議員が法律を変えてくれるところまでたどり着けなかった。困っている人が少数派で、かつ、どうしても家族や絆の話になりがちで、感情論に流れやすいテーマだったからです。

それでも粘り強く戦い続けてきた先人たちがいて、いま、ようやく社会全体で話し合っていこうとする気運が高まってきました。法改正を視野に入れた、具体的な議論になってきたと感じています。本書も、多くの人にこの議論を知り、理解し、考えるきっかけにしていただきたい——もっと言えば、選択的夫婦別姓がいかに個人を幸せにする制度なのか理解し、前向きに捉え、社会を変える風を起こしていただきたい——と思って書いています。

国を相手に、裁判を起こす

僕は、姓を変えて不利益を被った当事者であると同時に、選択的夫婦別姓を求める裁判の原告も務めていました。法律的には「西端慶久」という存在で、社会的には「青野慶久」として活動している人間が、人権派かつ凄腕の弁護士である作花知志《さっかともし》さんと共に、2018年、結婚における「強制的夫婦同姓」は憲法違反であるとして国を相手に戦いをはじめました。

この裁判は一審、二審と敗訴を重ね、最高裁に上告していたのですが、2021年夏、残念ながらそれも棄却されました。とても納得できる結果ではありませんが、この敗訴の記録とともにいまの日本が抱える司法の問題も含め、みなさんに知っていただきたいことをまとめていきたいと思います。

選択的夫婦別姓について少し調べてみると、賛成派と反対派の激しいバトルが目に

入るはずです。とくに反対派の主張を目にすると、
「夫婦別姓を推進したら日本は大変なことになるかも」
「家族の絆が弱まるかも」
「子どもが犠牲になってしまうかも」
などと心配になるかもしれません。

けれど大丈夫です。夫婦別姓を選択するカップルが増えたところで日本は壊れたりしません。家族は家族のままですし、子どもも変わらず健やかに成長するでしょう。

現在、「強制的夫婦同姓」で困りごとを抱えている人はもちろん、夫婦で同じ姓を名乗りたい方も、戸籍制度を守りたい方も、子どもの姓はどうなるんだと心配している方も、みなさんが納得できるかたちにおさまるはずです。

また、選択的夫婦別姓制度の導入は、経済界からも期待の目が向けられています。なぜかといえば、女性の社会進出が進んだいま、あきらかに社会全体の生産性が上がるからです。

現在は結婚する前の姓（旧姓）を通称使用することで夫婦別姓制度の代わりにして

いるわけですが、これは法的に「正しい名前」ではありません。その「呼称」と「本名」のズレによって生じる問題をケアしているのは、ほかでもない企業です。みんなが法的に正しい名前で働けるようになれば、二重管理の手間も省け、女性はより働きやすくなる。生産性が上がるのは間違いないでしょう。

選択的夫婦別姓制度の導入は、日本社会が「壊れない」ばかりか、日本経済によい影響を及ぼす、福音なのです（この件に関しては、151ページの夏野剛《なつのたけし》さんとの対談を読んでいただけるとよくわかるかと思います）。

本書で伝えたいこと

本書では、実際に妻の姓に変え、さまざまな苦労を経験したことで夫婦別姓裁判の原告として戦った僕が、

- **なぜ、「強制的夫婦同姓」や通称使用ではダメなのか？**
- **いま目指すべき、新しい選択的夫婦別姓のかたち**
- **よく言われる疑問や欠点とそれに対する回答**

などについてお伝えしていきたいと思います。

２章の法律や制度設計に関する専門的な部分は、共に裁判を戦った作花先生に解説していただきながら話を進めていきます。淡々とした口調ながらじつは熱血漢である先生とお話しすると、いつも「法律っておもしろいんやな！」とワクワクしてしまいます。そのおもしろさが少しでも伝わるといいのですが。

僕が見てきたものや考えてきたことと先生の解説、両方を通して選択的夫婦別姓制度について理解を深めていただければ幸いです。

２０２１年10月吉日

サイボウズ株式会社
代表取締役社長　青野慶久

「選択的」夫婦別姓／目次

考え方の基本編　175

強硬な反対派に対する反論編　190

第1章

選択的夫婦別姓を求め、裁判を起こしてみて

訴訟、そして敗訴

まさか、自分の人生で裁判を「起こす側」になる日が来るとは——。

2018年1月9日。まだお正月ムードの抜けきらない、1月にしてはあたたかな火曜日のこと。

僕は「夫婦別姓裁判」を起こしました。訴訟の相手は、国。日本人同士が結婚するとき、それまで使ってきた姓をそれぞれ名乗り続けられず、同姓にしなければならない現在の法律は憲法違反だとする訴えです。精神的苦痛を受けたとして、計220万円の損害賠償を請求しました（言わずもがな、お金が欲しかったわけではありません）。また、同時に「こんなふうに法律を変えたらいいのでは？」とアイデアも提案していました。

原告は4人。代理人は、作花知志弁護士です。原告のうち僕含め2人は、旧姓のまま結婚できなかったことで、現在に至るまで大きな不利益を甘受している個人の男性と女性。そしてもう2人は、「旧姓を使うことができないがゆえに事実婚せざるを得なかった」カップルでした。

ただ、僕たち4人はあくまで「代表」。後ろには、同じくつらい思いをしている人たちがたくさんいます。

これまで多くの人々が、結婚における「強制的夫婦同姓」によって経済的・社会的・精神的苦痛を強いられてきました。社会に「困りごと」を抱える人たちを生み出す制度は、変えなければならない。——僕たちは、そんな思いで裁判を起こしたのです。絶対に違憲判決が出ると信じて。


しかし、2019年3月、東京地方裁判所での一審は敗訴。2020年2月に行なわれた東京高等裁判所での二審でも、訴えは棄却されました。

そして2021年6月23日。僕たちの裁判は最高裁で判断されることなく、別の夫婦別姓裁判とまとめるようなかたちで上告棄却。何もできないまま、敗訴が確定しました。僕たちの切実な思いは、あっさりと退けられてしまったのです。

作花先生曰く、こういったかたちで上告棄却されるのはほとんど前例がないとのこと。まるで、軽くあしらわれるように訴えが退けられるなんて……。「そんなことがあるんだ」と呆然としたものです（このときの判決文については第2章で詳しく触れました）。

「西端」姓になった理由と、変化

さて、時計の針を戻しましょう。そもそも、なぜ僕が結婚時に妻の姓に変えたかについてお話ししたいと思います。といっても理由はシンプルで、妻が希望したからです。

「私、名字、変えたくないんだけど」

「えっ！」

「女性が改姓するのが当たり前って風潮はどうかと思うんだよね」

「うーん」

僕自身、当時は妻が自分の姓になるものとばかり思い込んでいました。正確にいうと、そのことについて考えたこともなかった。しかも、結婚しようという話になってから突然そう言われたので、やや面食らいました。

そこで、新卒で入社したパナソニックで机を並べていた女性の同僚や先輩、サイボウズの社員たちのことを思い浮かべてみました。

結婚をきっかけに改姓した女性たちは旧姓を名乗り、ふつうに仕事をしている。とくに不満を聞いたこともない。自分の場合、「青野」の名前で仕事さえできれば困らない。――よし、たいした問題にはならないだろう。

そんな軽い気持ちで「じゃあ、僕が名前を変えるわ」と了承しました。

ときは２００１年。いまよりもさらに女性側の名字を選ぶ夫婦は少ない時代でしたが、そこはあまり気にならなかった。愛する妻のため……というとかっこいいのですが、正直なところ、深く考えてはいなかったのです。

ところが婚姻届を出して以降、じわじわと「これはむちゃくちゃ大変やないか」と気づきます。

まずは改姓の手続き。健康保険証、運転免許証。そして、免許証を証明書としている銀行口座、証券口座、クレジットカード、携帯電話、飛行機のマイレージカードから近所の図書館の会員カードまで。さらには、各種ウェブサービスに登録している情報の変更……。

膨大な作業が発生し、どこまで何を変えたか整理するのもひと苦労でした。旧姓でつくった銀行口座を結婚後に解約するときは、戸籍謄本が必要だと言われ、「解約するだけなのに謄本がいるの⁉」と腹が立ったこともあります。しかも、そうした作業には平日に休みを取ったり、あるいは貴重な休日をつぶしたりしなければいけないので余計イライラも増すというもの。根が技術者で合理主義な僕は、不毛な時間にストレスを感じていました。

さらに厄介なのが、それが「結婚直後のみの苦痛」ではなく「ずっと続く」ということでしょう。サイボウズは海外にも拠点があり、僕も海外出張の機会が少なくありません。現地のメンバーやビジネスをする相手が、僕のホテルの予約を取ってくれるのですが、うっかり「AONO」名で取ってしまうと話がややこしくなるから、さあ大変。ホテルに到着してフロントでパスポートを見せたら、

「ニシバタさま？　予約がありませんね」

「アオノではどうですか？」

「あります。でもアナタ、本当にアオノさんですか？　パスポート名と違いますが？」

……といったトラブルに発展していくわけです。移動と仕事で疲れ切っているときに、なんと無意味な会話。こうした事態を防ぐため、近年は20年以上前につくった青

野姓時代のパスポートを持ち歩いて自らの証明書としています。これも、姓を変えていなければする必要のない工夫です。

仕事上の不具合はほかにも無数にありました。会社では「青野さん」と呼ばれ、「青野」としてメディアに出演するのに、給与明細は「西端」。一部の契約は戸籍名でなければならず、ハンコは常に2つ持ちです。毎度「これはどっちを使えばいいのか？」と調べるのも面倒ですし、仕事上の人格として一貫性もない。もし間違ったら差し戻されて書類を作り直さないといけない。名前の使い分けが非常に面倒であるのはもちろん、人事部や経理部や法務部や情報システム部にも「２つの名前を管理する」という余計な仕事が増えていることに、経営者としてあらためて気づきました。

また、僕が経験していないところでは、それまで取得した資格や特許、提出した論文、海外での活動で使っていた名前と、結婚後の名前が異なることで、実害を被っている方もたくさんいらっしゃると聞きました。

「大変さ」に気付き、姓を変えた他の人にも話を聞いてみると、問題は仕事以外にも及ぶことがわかりました。

まず、20年、30年、40年と使ってきた名前というアイデンティティのひとつを失うことで、精神的苦痛を感じてしまうこと。僕の場合は仕事上で「青野」を名乗れていますが、旧姓を使う機会の少ない、たとえば専業主婦の方々などは喪失感が大きいことでしょう。

また、僕たちと一緒に原告になったカップルのように「結婚したいけれど夫婦同姓にしなければならないことが理由で結婚できない」ケースもあります。たとえば珍しい姓同士であったり、長男長女同士、ひとりっ子同士であったりと、姓に対して折り合いがつかないために事実婚を選ぶカップルも多いのです。

もちろん婚姻制度自体に意味を求めず、事実婚を選択している方々もいるでしょう。しかし、「本当は結婚したいけれど姓を変えることが足かせになっている」人たちがいるのであれば、現在の制度には改善の余地があるわけです。

このように、「強制的夫婦同姓」で別姓を認めない――それまでの人生で何十年も使い続け、自らと一体化している旧姓の利用を制限する――ことは、男女ともに社会で活躍する世の中では、効率的な経済活動を阻害し、混乱をもたらしています。さらに、個人の幸せを阻んでいることも間違いないのです。

改姓して以来、僕は「なぜこんなに不便な目に遭わないといけないんだ？」と疑問や怒りを膨らませ続けてきました。「現在の制度が『強制的夫婦同姓』だからこんな不便が起こるんだ、別姓のままでも結婚できる選択肢を社会に用意すべきだ」とぶつぶつ文句を言い続けた。それがときどきメディアに取り上げられるようになったものの、本当にごくまれで、「まだネタ的に弱いんだな」と世間の関心の薄さをひしひしと感じていました。

なぜ「選択的」なのに、夫婦別姓は進まないのか？

そんな選択的夫婦別姓問題にとって、そして僕自身にとっても大きな転機となる出来事が、２０１５年12月16日に起こります。

男女５人を原告とした「夫婦同氏《うじ》を強制する民法７５０条は憲法違反」との訴え（夫婦別姓訴訟）が、最高裁で棄却されたのです。

僕はこの裁判では原告ではありませんでしたが、夫婦別姓賛成派で、当事者。ですから、判決の日にはもちろん期待して見守っていました。一審、二審と棄却されてきたけれど、司法のトップである最高裁ならまっとうな判決を下すはず。ようやく「強制的夫婦同姓」に違憲判決が出るぞ。社会が一歩前に進むぞ。心からそう信じていたのです。

しかも判決が出る直前には、夜のニュース番組の取材を2件受けました。「夫婦別姓賛成派で、自身も姓を変えたITベンチャーの社長」はメディア映えしたのでしょう。インタビューでは、「今の制度は、日本のジェンダーギャップを生み出している権化のような存在だ」と現法律の欠陥、そして今回の裁判の社会的意義について大いに吠えました。

ところが、判決は「合憲」。現行法で問題ないと判断され、僕のインタビューも敗訴のニュースとともにお茶の間に流れました。違憲判決とともに、「勝利の解説」として流れる予定だったのに……切ない。

いよいよ僕の疑問は膨らみます。

「みんなが夫婦別姓にしようぜ、という話じゃない。選択したい人がそうできるようにしようと言っているだけだ。なぜ、日本ではこうも議論が進まないんだろう？」

そこから本業の傍ら、個人活動をスタート。自分なりにあらためて、選択的夫婦別姓について詳しく調べてみることにしました。なぜ制度や世論は変わらないのか。どうすれば社会は動くのか。現状、どのような活動をしている人がいて、どのような成果があるのか――。そんな疑問を解決するために、ロビイストや政治家などに、積極的に話を聞きに行ったのです。

たとえば自民党の野田聖子議員のもとへ赴き、ざっくばらんに夫婦別姓について伺ったときのこと。

彼女はかつて、自身の家名を継承するために事実婚を選択していたこともある人です。選択的夫婦別姓に関しては「民法の一部改正に関する法律案」を提出したこともある、筋金入りの「別姓賛成派」。そんな彼女は、こう教えてくれました。

「政治家の中でも、一部の議員が猛烈に反対しているんですよ」

どうやら、「家族の絆」や「伝統」といった言葉を大切にする人たちが政治の中心に陣取っていて、夫婦別姓の家族が増えることによって、なし崩し的に戸籍制度まで破壊されてしまうことを恐れている。たとえ選択的であれ絶対に許さん、とガードしているというのです。

「ただ、彼らは影響力が大きいので、『賛成したら選挙で応援しない』と言われれば黙るしかない。心の中では別姓に賛成している議員も、表立っては推進できないんです」

では、どうすればいいのか、政治から夫婦別姓制度に変えることはできないのか？と突っ込んで聞くと、社会、つまり有権者たちが「そういうムード」になることが大切だと教えてくれました。

――「立法」、つまり法律をアップデートしたり新たにつくったりするのは、国会議員の仕事。彼らが「ノー」の立場であれば、いつまでも法律は変わらない。法の面から社会を変えるためには、国会議員の考えを変えなければならない。そのためには、彼らを「選ぶ人」である有権者の意思、つまり世論を賛成多数にするしかない。そうすれば、選挙で落選したくない議員たちは空気を読み、「別姓に反対したら次の選挙は危ないな」と、そちらに意見を寄せていくはず。

結局のところ、政治家は自分が選挙に当選するかどうかが一番の関心事、というわけです。落選すれば、職を失うわけですからね。

世論が選択的夫婦別姓賛成多数になっていけば、必然的に、政治家たちのスタンスも賛成に変わっていきます。まずは世論に訴える必要があるんだな、と知ることができました。

どうすれば建設的に議論できるか考えた

野田さんのもとに足を運んだのと同時期に、夫婦別姓を実現するためのロビー活動に打ち込んでいる方々のもとにも行きました。彼らは声を上げたり署名を集めたりと熱心に活動していたものの、なかなか社会は動かないという。いろいろな話を聞くなかで、僕は「これはやり方に改善の余地があるんじゃないか」と感じるようになりました。

まず、選択的夫婦別姓制度は「政争の具」になりやすいテーマです。与党は反対だ、野党は賛成だ、保守だリベラルだ、と。しかし本来は制度の話であり、もっと言えば「困りごとを抱えている人を助けよう」という話で、そこに党派は関係ないはずです。

それなのに、ロビイストの中には「夫婦別姓を認めないなんて安倍政権はけしからん！」「自民党の考え方は古くさい！」と拳を振り上げる人が少なくありませんでした。するど、政局やイデオロギーの問題となってしまう。どうも、必要のない摩擦が生じているように見えたのです。

また、ジェンダー問題の文脈、つまり「男女不平等であること」を争点に声を上げている人も多くいました。たしかに現状、結婚時に名字を変えているのは96パーセントが女性です。男女の不平等さはあきらかでしょう。

けれど「ジェンダー」という文字を見た途端、興味を失う「おじさん」が多いのも事実です。当事者である女性、その中でもジェンダー意識の高い人たち以外にとっては「自分の問題ではない」と優先順位が下がってしまうのです。男女不平等の文脈にしてしまうと、社会問題として制度を変えるのがややむずかしくなる気がしました。

そもそも、法律には「女性が姓を変えるべし」と書かれてはいません。あくまでも「結婚するなら姓は同じものに統一してください。どちらの姓にするかは、夫婦となる男女で話し合って決めてください」という内容です。実際、僕のように男性が変えるケースも存在しているわけで、女性に対する「強制」ではありません。つまり、法的には女性差別ではない。ジェンダー差別を主張した裁判で違憲判決を勝ち取るのは不可能だろうなと感じました。

こうして選択的夫婦別姓についてインプットを重ねる中で、僕は考えました。

政治やイデオロギー、ジェンダー、そして感情の問題にしては、建設的な議論ができない。話を壮大にも、複雑にもせずに話を進めるべきだ。シンプルに、「姓を変えることは大変だ。それを国から強いられるのはおかしい。選択できるようにするべきだ」という一点に絞って議論を進めてみよう。

ロジックをベースにした議論なら、多くの人を巻き込んで建設的な議論になるはずだ。そしてどちらに理があるか世の中に伝わり、世論もひっくり返る。そうすれば、選挙で当選したい政治家も重い腰をあげるに違いない。社会は前進するだろう。

そんなふうに考えをまとめ、ツイッターで発信を重ねていったのです。

「原告、やります！」

２０１７年８月。フェイスブックで一通のメッセージが届きます。２０１５年の夫婦別姓訴訟の原告のひとりだった、加山恵美さんからでした。もともとＩＴ系のライターとして活動している彼女とは旧知の仲。どうしたんだろうと思い開いてみました。

「岡山県の作花知志弁護士が、あらためて夫婦別姓訴訟を起こそうと考えています。現在、原告を募集していて、私は青野さんがふさわしいように思いました。一度話を聞いてもらえませんか」

——なに、再び夫婦別姓で裁判を？　またチャンスがある？

僕は「原告」とはいったい何をする人なのかよくわからないまま、「ぜひお会いしましょう」と二つ返事で快諾しました。


作花弁護士は、選択的夫婦別姓訴訟で最高裁で合憲判決が出た2015年12月16日、奇しくも同じ日に最高裁で「女性の再婚禁止期間」の違憲判決を勝ち取った人権派の弁護士です。

この裁判は、明治時代、伊藤博文内閣時代に定められた民法733条の「女性は離婚から6ヶ月の期間を経なければ再婚することはできない」とする規定が、男女の平等を保障した憲法に反していると主張した訴訟です。岡山県に住むひとりの女性が原告でした。ちなみに、この民法733条は、なぜ男女平等を掲げる日本国憲法ができるタイミングで改正されなかったかというと、まだまだ実質的には男女平等ではなかったからです。一応議論はあったものの、「離婚したばかりの女性がすぐに再婚するとはいかがなものか」という女性蔑視バリバリの政府委員の答弁が残っています。

この訴えについて、一審（岡山地方裁判所）、二審（広島高等裁判所）ともに棄却。しかし最高裁に上告した結果、「再婚禁止期間の、100日を超える部分については違憲とする」との判決が下りたのです。

そして2016年、離婚時に妊娠していないことが証明できれば、すぐにでも再婚できる改正法が国会で全会一致で可決、成立しました。ひとりの弁護士とひとりの原告が、社会を変えた。性差別による違憲判決は初めてということで女性の権利問題としても大きな一歩ですし、最高裁で違憲判決が出たのも戦後10番目とのこと、歴史的にも大きな判決だったそうです。

さて、そんな偉業を成し遂げた作花先生との会食は、すぐに実現しました。この年の8月後半の土曜日。岡山在住の先生が東京にお越しになる日程に合わせ、品川駅にほど近いホテルのレストランでビュッフェ形式のディナーをしながら、裁判について話を伺うこととなりました。

するとと先生は、まぐろの刺身が山盛りになった皿を前にしながら「勝ち方を見つけました」と淡々と、しかし自信ありげにおっしゃるのです。話を聞くと、なぜいままで誰も見つけなかったんだろうと思うような、シンプルな切り口とエレガントなロジック。なんてわかりやすく明快なんだ。これには国も反論できないだろう。そこで作花先生に聞きました。

「いま、原告を募集していると聞きました。どんな人が原告に必要なんでしょう？」

すると先生は、日本の裁判は必ず損害賠償を請求しなければならないため、被害に遭った当人が原告でなければならないことを説明したうえで、こうおっしゃいました。

「姓を変えたことで不利益を被っている〈男性〉にも入ってほしいんですね」

それ僕や、と思いました。僕が入ることで、夫婦別姓が現実のものになるかもしれない。だってこんなにすばらしいロジックがあるのだから。

相変わらず「原告」の役割がなんなのかいまひとつわからないまま、気付くと「僕、原告やりますよ」と口に出していました。なにが起こるかいまひとつわからないまま、「君の姓になるわ」と言ったときのように。

夫婦別姓をめぐる世論の変化とその理由

原告となって裁判を起こすといっても、世間で話題にならないだろうと思っていたので、社員にはとくに伝えることなく準備を進めていました。ところが２０１７年11月、「サイボウズ社長の青野慶久氏が、東京地裁に提訴する方針を固めた」と毎日新聞の記事に取り上げられると、予想外に話題を呼びます。このニュースは「Ｙａｈｏｏ！　ニュース」のトップに掲載され、在京のキー局すべてで取り上げられました。

その後、日本経済新聞や朝日新聞をはじめ、全国13紙の社説にも取り上げられることとなりましたが、なんとそのすべてが「賛成」の論調。手応えを感じたのを覚えています。ネットメディアからの取材も増え、そのどれもが肯定的な姿勢でした。

と同時に、ネット上では叩かれることも増えました。曰く、左翼。曰く、売国奴。離婚が増える。社会が混乱する。ときには、サイボウズのサポート窓口に「青野社長は発言をやめろ」とクレームが送られてくることもあります。２０１７年末からずっと炎上し続けている状態です。ボヤくらいですけれど。

ただ、明らかに風向きは変わっています。

日本経済新聞が行なった世論調査によると、2016年時点では選択的夫婦別姓制度反対派と賛成派が同じくらいだったのが、2021年の調査では賛成67パーセント、反対26パーセントに。年齢が若いほど賛成の割合は高く、18歳〜39歳ではおよそ84パーセントが肯定的に捉えているのです。

僕の肌感覚としても、裁判を起こした2018年時点では「賛成」と「反対」がまだ拮抗していましたが、本書を書いている2021年10月現在では「賛成派」がずいぶん勢いづいています。

なぜ、ここまで風向きが変わったのでしょうか。

大前提として、女性の社会進出が進んだこと、結婚後も働き続ける女性が増えていることが挙げられます。日本は、1997年に共働き世帯数が「働く男性と無業の妻」の世帯を上回りました。結婚しても仕事で旧姓を使い続ける女性が増えたので、先ほど述べたような仕事上での不便を感じる人、不利益を被る人も増えたのでしょう（そもそも会社で旧姓利用が認められず、それまで培ってきた仕事人としてのアイデンティティを失ってしまうケースもあるようです）。

要は、夫婦別姓さえ「選択」できていれば経験しなくて済んだ苦労を抱える女性が、

選択的夫婦別姓の世論の変化

結婚したら、夫婦の名字をどうしたらよいと思いますか…

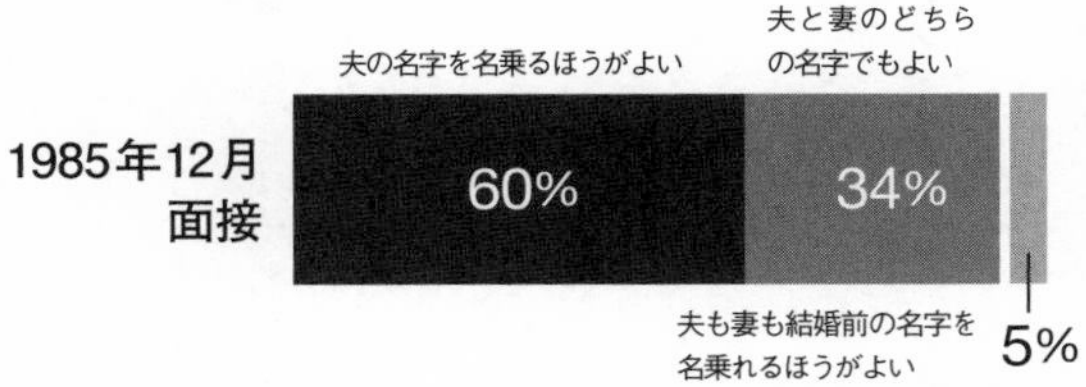

＊その他・答えないは省略。全国の有権者から、層化無作為二段抽出法で 3000 人の回答者を選び、1985 年 12 月 4、5 の両日、学生調査員が個別に面接調査した。有効回答率は 80%。回答者の内訳は、男性 46%、女性 54%。

法律を改正して、夫婦が同じ名字でも、別々の名字でも、自由に選べるようにすることに…

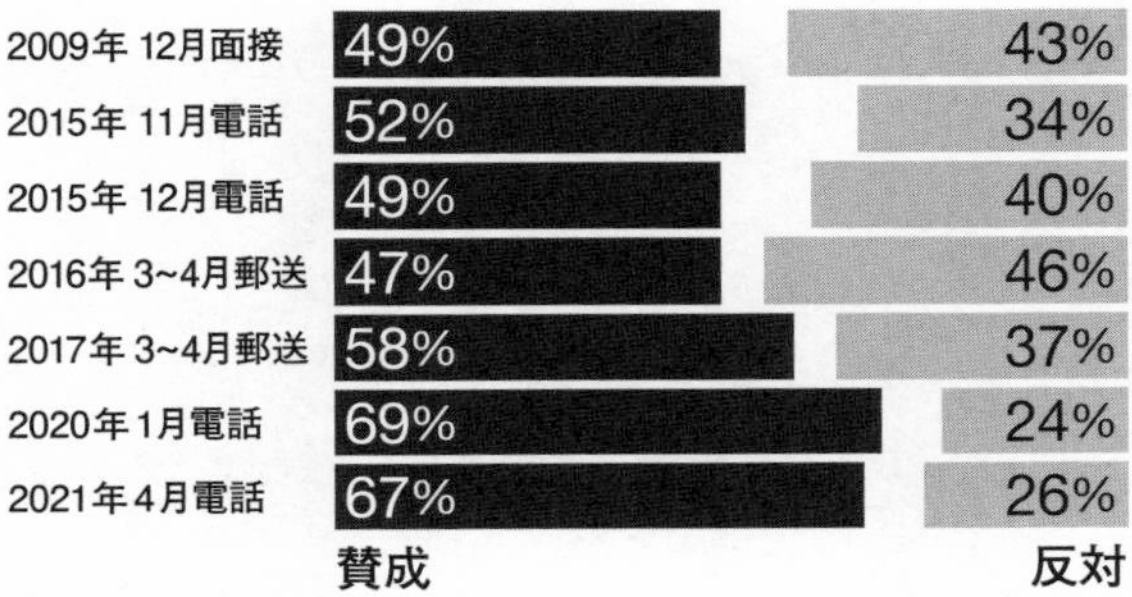

＊その他・答えないは省略。（出典：withnews 2021 年 4 月 27 日『「選択的夫婦別姓」36 年前の世論調査では…今は自民支持層も賛成 6 割』）

増えているのです。彼女たちの困惑が世論となった。これがまずひとつ。

もうひとつ、メディアの力によって知ってもらえたことが大きいでしょう。裁判をきっかけにテレビや新聞、ウェブメディアなどで広く取り上げてもらうことで、「どちらでもない派」や「よくわからない」「どちらかというと反対派」の方々にも、「そんなに困っている人がいたのか」と気づいていただけたのです。2019年には野党の中心的な政治家たち、たとえば立憲民主党の枝野幸男代表や国民民主党の玉木雄一郎代表も僕のところまで話を聞きに来てくれるようになりましたし、選挙の争点にもしてもらえました。

こうして次々にメディアに取り上げてもらえたのは、まず「男性」が裁判を起こしたからでしょう。

これは非常に残念なことですし、それも現代日本の抱える問題ですが、女性活動家が原告となってフェミニズムの文脈で戦っていたら、ここまでメディアに取り上げられるのはむずかしかったと思います。いわゆる「強者側」とされる男性、しかも東証一部上場企業の男性社長が訴えを起こした。だから男女差別の問題ではなく、男女関係なく発生する社会問題なんだと伝わった。精神的な問題だけでなく、経済合理性の問題でもあると理解された。だからこそ、メディアを見た市井の人々も興味を持ってくれたのでしょう（一審で敗訴した後、いまにも泣き出しそうな僕の顔がテレビに映し出されたのも地味に大きかった気がします。「夫婦別姓訴訟で40代の男性が半べそをかいている」画《え》は、それなりにインパクトがありますからね）。

そして、メディアで働く女性の団結。これが何より大きいと、僕は感じています。僕を取材してくれるメディアの方は女性がとても多いです。ほとんど女性、と言ってもいい（本書を企画してくれた編集者も、やはり女性です）。新聞にもテレビにも雑誌にもネットメディアにも、結婚後も旧姓で働く女性たちがたくさんいたのです。そして「青野って男性経営者が表に出てくれたぞ！」と担ぎ上げてくれた。僕のイメージとしては、彼女たちが担ぐ神輿《みこし》に乗せられ、その上でやーやーと声を上げているだけです。

いま、僕の乗る神輿を少しでも高く掲げよう、少しでも前に進めようと、女性たちが中心となって、一生懸命わっしょいわっしょいと力を合わせていきます。こいつを担ぎ上げることで、なんとか実現に向かわせるんだという意気込みを感じる。それがいま実を結びつつあると考えると、担がれてよかったと心から思います。

あえて言えば、男性の記者や編集者が少ないのがやや残念なところ。男性も当事者意識を持つことで、さらに変化も加速するのではないでしょうか。

政治だって変わってきた

先ほど、「世論を変える目的は政治家の意思を変えることにある」と言いましたが、この数年で政治における選択的夫婦別姓の扱いは明らかに変わってきました。

まず政策のテーマとして議論がされるようになりましたし（そこからかい、という感じですが）、それまで夫婦別姓反対派だった政治家たちも意見を翻し、賛成を掲げはじめています。数年前、「個人的には選択的夫婦別姓に賛成だが、地元の選挙区の有権者がまだそういう考え方ではないから大きな声では言えない」と僕に打ち明けてくださった有名な自民党議員の方（男性）も、世論の変化に伴い、公に賛成を表明するようになりました。選択的夫婦別姓の反対派の急先鋒だった稲田朋美議員まで、いまは賛成派に転じています。

政治の世界が変化しはじめたのは、世論の影響だけではありません。自民党に関して言えば、安倍晋三元首相の退任は大きな出来事でした。

みなさんもニュースで見た記憶があるかもしれません。2019年7月3日、参議院選挙の与野党7党首による討論を。記者が「選択的夫婦別姓に賛成の人は手を挙げてください」と促したところ、安倍晋三首相（当時）以外、全員が挙手。あのとき、「誰が、どの政党が選択的夫婦別姓をストップしているのか」が明らかになりました。

実際、翌年2020年秋に安倍首相が辞任した途端、風向きが大きく変わり、自民党の中でも選択的夫婦別姓について盛んに議論されるようになりました。2021年3月には、「選択的夫婦別氏《うじ》（姓）制度を早期に実現する議員連盟」が設立されました。会長はなんと保守派の重鎮、浜田靖一氏。「ハマコー」こと、浜田幸一さんの息子さんです。

ここに来てベテラン議員たちが協力的な姿勢を見せていることに、社会の変化を感じずにはいられません。

全国陳情アクションでじわじわ変わる

裁判の原告になったり、こうして本を出したりして表舞台で騒いでいる僕ですが、普段は企業の経営者。仕事の合間にツイッターで発信したり、ｂｏｔ（夫婦別姓についての主張やよくある質問への回答を自動で流しています）をつくったり、反対派からのご意見に反論したり、ｎｏｔｅ（文章や画像などを投稿できるプラットフォーム）を書いて拡散したり……といったところに留まっています。

そんなコタツ活動派な僕とは違い、東奔西走、「賛成」の世論づくりに奮闘している立役者をご紹介しましょう。

井田奈穂さん。彼女は「選択的夫婦別姓・全国陳情アクション」の発起人です。それまでは政治活動とは縁がなく、ふつうの会社員として働いてきた井田さんですが、現在は、選択的夫婦別姓を社会に実装する取り組みのど真ん中にいる存在と言っていいでしょう。ありがたいことに、「青野社長の訴訟を見て、自分も何か行動してみようと決めた」そうです。

「全国陳情アクション」は、全国の地方議会に選択的夫婦別姓の法制化を求める意見書を提出し、地方自治体から国会に陳情するよう働きかけている団体です。彼女はそ

2019年7月3日、参議院選挙の与野党7党首による討論会で、選択的夫婦別姓に賛成か問われたときの各党首の反応（毎日新聞社／アフロ）

この事務局長として活動を推進しています。

各地方議会で意見書が可決されるということは、国会・政府に対して「○○市（町）は○○の件に関して国会審議を推進するよう強く要請する」という意見書が提出されるということです（地方自治法99条）。全国陳情アクションによるこの活動で、すでに何十もの自治体から意見書が国会に提出されています。２０２１年６月には、東京都議会もついに可決。しかも、ずっと反対の姿勢を貫いていた自民党が起案したのですから、うれしいニュースとなりました。

これに関して、おもしろいニュースも耳に入ってきました。２０２１年１月、自民党国会議員50名が連名で、全国40議会の議長に向けて「意見書の可決に反対せよ」との圧力文書を送付していたことが発覚したのです。日々高まる夫婦別姓賛成派の勢いを削ぎたかったのでしょう。

これは地方議会の独立性を脅かすとして問題視されましたし、とくに男女共同参画担当相就任前の丸川珠代氏も名を連ねていたことで、海外でもニュースになりました。恥ずかしいことですね。ただ、僕は「ごちそうさま！」と思って眺めていました。こういったとんでもないニュースがあれば、さらに世間の注目が集まり、知りたい、学びたいと思ってくれる人が増えますから。そしてきちんと学びさえすれば、「反対する理由がない」とわかってもらえるのですから。

500を超えるビジネスリーダーからの賛同も

政治だけでなく、経済会でも夫婦別姓を推す動きが高まっています。僕とKADOKAWA代表取締役社長の夏野剛さんを共同代表とする「選択的夫婦別姓の早期実現を求めるビジネスリーダー有志の会」がその代表です。共同呼びかけ人は、ディー・エヌ・エーの南場智子会長、日本オラクルの藤森義明会長ら19人。

こちらも、井田さんが自民党議員から「政治のご意見番でもあり、政界へ強い影響力を持っている経済界の賛同を得るといいですよ」とアドバイスされたことがきっかけでスタートした取り組みです。井田さんは、夏野さんにツイッターで直接連絡を取ったといいますから、その行動力たるや。

2021年4月の発足から1ヶ月足らずで500人以上の賛同者を集めるなど、順調に数を増やしている「有志の会」ですが、賛同しているのは、いわゆるソーシャルグッドと呼ばれる社会に貢献する活動をされている方々だけではありません。日本を代表する大企業の役員から、保守的に見えていた「カタい業界」の会長、新進気鋭のベンチャー企業の起業家まで多くの方の賛同を集めています。中でも女性のビジネスリーダーからは、自らも忸怩《じくじ》たる思いを抱えて働いてきたことを吐露する声、基本的人権を尊重する社会づくりを訴える声を多くいただきました。

そもそも男女ともに多くの従業員を抱え、経済合理性を追求する経営者にとって、選択的夫婦別姓は「早く進めてほしい政策」なのは間違いありません。海外出張や登記、契約、株式の取得など、さまざまなビジネスシーンにおける混乱を目の当たりにしていますし、2つの姓を管理するコストも当然ご存じです。結婚後も活躍し続ける女性社員が増え、現場が困っている現状も耳に届いているのでしょう。僕も知り合いの経営者たちに声をかけましたが、みなさんこころよく賛同し、コメントを寄せてくださいました。こうした声を可視化することで、国会議員も「賛成です」と意思表示しやすくなるはずです。

世界の夫婦別姓事情とは

選択的夫婦別姓の議論を追いかけていると、賛成派は「夫婦同姓を押し付けているのは世界で日本だけ。だから日本も変えるべきだ」といった論理を用いることが多いようです。

これに関して僕は、じつのところ、あまり本筋ではない主張だと感じています。たしかに現時点で、世界で夫婦別姓を認めていない国は日本だけです。

かつて夫婦同姓だった国でいえば、スウェーデンは１９８３年（およそ40年前！）に別姓や結合姓を選べるようになりましたし、ドイツも１９９１年（30年前！）に「夫婦間で合意が取れない場合、夫の姓を名乗る」規定に違憲判決が下っています。トルコでは、２００１年に夫と妻の姓をつなげる「結合姓」が認められました。

近隣のアジア諸国を見ても、たとえばタイでは２００５年に夫婦別姓制度が導入されていますし、２０１０年には、フィリピンでも女性が自分の姓のみを用い続けることができるようになりました。

つまり、「強制的夫婦同姓は、個人の尊厳や両性の平等を脅かす規定である」というのが世界の常識なのです。

こうして見ると、日本の人権意識は世界から大きく遅れをとっていると言えます。おまけに国連の女子差別撤廃委員会からは、「日本の夫婦同姓は非常に差別的だ」と、過去3回も是正勧告を受けている。それでも頑なに動かないわけですから、おそらく世界中から「ニッポンって、いまだに男女差別しまくってるらしいぞ」と思われていることでしょう。

そろそろ世界に追いつくべき、という主張もわかります。説得力もある。けれども、だから変えるべきだとは僕は思いません。夫婦同姓を定めていた国が、夫婦別姓も選べるようにした。そこには、その国で困っている人がいたから、その困りごとを解消するために制度を変えたはずです。

困っている人がひとりもいなければ、たとえ世界に取り残されようと、制度を変える必要はありません。見るべきは「外」ではなく「内」ではないでしょうか。

一方で、夫婦別姓反対派は「伝統」という言葉をよく用います。日本の「伝統」——夫婦同姓や戸籍制度、家族観、天皇制、家父長制（83ページ参照）など——を大切にしなければならない、夫婦別姓制度はそれらを破壊しかねない、といった主張です。

しかし、僕はこれらも理屈が通っているとは思いません。

何よりも一番先に考えないといけないことは、いま困っている人がいるかどうかということです。困っている人がいるということは、いまの仕組みや制度が時代に合わなくなっているわけで、改善の余地があるということです。僕たちが生まれるずっと前から、人間は困っている人を減らせるように、村をつくり、国をつくり、仕組みや制度をつくってきました。困っている人がいれば変えるべきなのです。そこにどんな歴史があっても、どんな伝統があっても、です。

周りの国も、自国の伝統も関係ない。「いま、困っている人がいるか」に集中する。もし、制度や伝統が、いまを生きる人たちの不幸せを生み出す原因になっているのであれば、周りの国の制度がどうであろうと、伝統がどうであろうと、すぐに変えたほうがいい。制度や伝統のために人間が犠牲になっているのは本末転倒。そして、いまの時代に合わせて制度や仕組みを変えることは、いまを生きている私たちの使命なのだ。

——これが僕の基本的な考え方です。

「みんなそうだから」や「ずっとそうだから」は思考停止の発想です。制度設計を考えるうえで、まったく役に立ちません。会社経営も同じです。副業禁止の会社が「よその会社もやってるから我が社も副業オッケーにしよう」とルールを変えても、求めている人がいなければ何の意味もない。そうではなく、「副業したいけれどできない」と困っている人の声に応じて、「副業したい人はできるようにルールを変えよう」と考えるのが、喜ばれる制度づくりの進め方です。

同じように、いま、夫婦別姓の制度がなくて困っている人がいるわけです。だったらみんなでルールを変えていこうよ、と声を大にして言いたいと思います。

ここまで自身の経験と、僕が感じてきた「強制的夫婦同姓」のジレンマと、選択的夫婦別姓の議論の変化についてお話ししてきました。

選択的夫婦別姓をめぐる議論は30年以上続いてきましたが、いま、もっとも大きな変化の中にいます。僕は「変わる」と確信しています。

世論、政治、経済。選択的夫婦別姓制度は、実現に向かって着実に進んでいる。あとは誰がいつゴールテープを切るか、というところです。

第2章では、現行の制度や法律と、僕がこれから目指していくべきだと考える夫婦別姓のかたちについて、具体的にお話ししていきます。どうすればコストと社会的混乱を最小限に抑え、最大多数の幸福を目指せるか？　僕が感動した作花弁護士の論理とアイデアを、できるだけ噛《か》み砕いてお伝えしたいと思います。

●夫婦別姓を知るためのインタビュー①

「なにがかわいそうなのか、教えてほしいくらい」「自分の名前で生きたかった」——別姓家族の母娘が語る、みんなが自分らしく生きられる社会

高校生らしき女の子が「小池」と書かれた紙を掲げ、「私の名前は小池真実」とナレーションが入る。次に「内山」と書いた紙を掲げた女性が映し出され、「そしてこちらは、放送部顧問で英語科の内山由香里先生」と声が流れる。そして2人並んだ姿を映し、ナレーションはこう続ける。「じつは私たち、親子です」。

選択的夫婦別姓を見据え、事実婚を選択している両親。その間に生まれた自分たち兄妹のあり方、そして選択的夫婦別姓のこれからについてを、1本のドキュメンタリー作品にまとめた小池真実さん。作品は、2019年の、「第66回NHK杯全国高校放送コンテスト　テレビドキュメント部門」にて入選しただけでなく、それをきっかけに政治家との交流が生まれたりテレビで特集され議論を呼んだりと、さまざまな広がりを見せた。

事実婚家庭に生まれた子どもは、母親と姓が違うことをどのように受け止めているのか。真実さんは、この作品づくりを通して何を考えたのか。いまは大学生

――となった真実さんに、お母さんの由香里さんと共にこの作品に込めた思いを聞いた。

（インタビュー・構成：ポプラ新書編集部）

夫婦別姓を選んだ家庭の子ども

小池真実さんとお母さんの内山由香里さんは、血縁関係にあり、同じ家に住み、仲もいい。ただ、姓だけが違う。「お父さんと私たち兄妹は同じ名字で、お母さんだけが違う」ことを軸に、2019年、真実さんは1本のドキュメンタリー作品「うちって変ですか？」をつくりあげた。

このドキュメンタリーは、結婚と姓の変更についての解説を踏まえつつ、別姓を望んだ母の由香里さんと同姓を望んだ父の幸夫さん、真実さんの同級生たち、そしてサイボウズ青野慶久氏などに取材を行ない、選択的夫婦別姓の必要性を訴えるものだ。結婚にも姓の変更にも馴染みのない同級生たちのために、「婚姻届を提出して仕事上だけ旧姓を使う〈ソフトな夫婦別姓〉と、そもそも婚姻届を提出しない〈ハードな夫婦別姓〉がある」と噛み砕いて説明するなどの工夫がこらされている。

真実さん「私自身、本当に『夫婦別姓』って言葉を知らなかったんです。恥ずかしながら、政治にも興味がなくって。なにより、お父さんと私たち兄妹は小池、お母さんは内山っていうのが、当たり前だったんですよね。どうしてうちは別姓なのって聞いたことも……というより、気になったこともありませんでした。玄関にはハンコが2つ置いてあって、『小池さんにお荷物です』と言われたら小池を押すし、『内山さんにお荷物です』と言われたら内山を押す。それが我が家の日常なんです」

それまで、周りから親子別姓についてとやかく言われたことはなかった。むしろドキュメンタリーを撮って以降、多くの大人から「別姓家庭の子どもはどんな気持ちなのか」と聞かれるようになり、自分にとっての当たり前をうまく説明できないもどかしさを抱えているという。また、面と向かって言われることこそないが、「お母さんと名字が違ってかわいそう」という声が耳に入ることもあると真実さんは穏やかに語る。

真実さん「よくわからないんですよ。お母さんと名字が違うからかわいそうってどういう感覚なんだろうって……その考えにたどり着いた思考回路を教えてほしいくらい(笑)。うちはふつうに仲もいいし、事実婚で不都合があったわけでもない。私はかわいそうじゃない、むしろ幸せだよって言いたいですね」

そんな「夫婦別姓が当たり前」の家庭で育った真実さんの作品は、放送コンテストで入選を果たす。しかし彼女は、決勝まで進めなかったことがとても悔しかったという。母親の由香里さんは、年の離れた末っ子でのんびりしたところのある彼女のそんな様子に驚いた。

由香里さん「私が『全国大会に出られただけでも充分だよ』と慰めると、『決勝に残れば東京のＮＨＫホールで、３０００人の高校生にこの問題を知ってもらうことができたのに』と言ったんです」

その言葉に由香里さんは、頭を殴られたようなショックを受けた。

由香里さん「彼女はほんの数ヶ月の制作期間でここまで強い当事者意識を持っているのに、私は30年近く別姓を続けながら、なんにもアクションしてこなかったなって。ニュースを見ては『今度こそ選択的夫婦別姓が認められるんじゃないか』と期待して、がっかりして。諦めちゃってたんですよね」

奇しくも、放送コンテストは真実さんのお姉さんが結婚するタイミングと重なっていた。姓に悩んでいた自身の結婚を思い起こし、由香里さんは愕然とする。

由香里さん「なにも変わらないまま一世代過ぎてしまったんだな、と突きつけられました」

そこで彼女は、自分にできることはないかと模索。「選択的夫婦別姓・全国陳情アクション」の事務局長である井田奈穂さんに連絡を取り、活動への参加を始める。そのつながりで、真実さんは別姓家族で育った子どもの立場から、与野党の党首に選択的夫婦別姓に関する意見書を手渡したり、親子でメディアの取材に応じたりと、発信の幅も広がっていった。

由香里さん「地元、長野の新聞社やテレビ局に勤める女性たちも『早く夫婦別姓を認めてほしい』と熱意を持って記事や番組をつくってくださいましたし、それを目にした昔の知り合いが『いまからでも元の姓に戻したい』と連絡をくれたりもして。みんな、こんなに忸怩《じくじ》たる思いを抱えていたんだと痛感しました」

30年前に夫婦別姓を選んだ理由

由香里さんが事実婚を選択しているのは、夫婦別姓を実現するためだ。しかし、内山姓に思い入れがあったわけでも、ジェンダーについて学んでいたわけでもない。大学時代からなんとなく夫婦別姓を意識していたものの、夫・幸夫さんといざ結婚するというときにはじめて、「これはおかしい」と強く思ったのだという。

由香里さん「それまで使い続けてきた名前を失うことに、違和感があったんです。アイデンティティなんていうと大げさかもしれないけれど、小さいころから何千回と名乗ったり書いたり呼ばれたりしてきたのに、結婚するからと簡単に手放してしまうのはどうなんだろうって」

さらに内山さんは、夫との不公平さも気になった。

由香里さん「夫は同僚の教員だったのですが、同じ仕事なのに、どうして私だけ姓を変えなきゃいけないんだろうと不満でした。対等な立場で結婚するはずなのに、おかしいですよね」

姓をどうするか。事実婚にするか。2人の意見は対立した。幸夫さんは、「由香里さんが仕事で旧姓を使い続けるのは構わないが、婚姻届を出さないのはあり得ない」と事実婚を断固拒否。折り合いがつかないまま早めの新婚旅行に出かけると、なんと、その間に幸夫さんの父親が勝手に婚姻届を出してしまっていたという。

由香里さん「有無を言わさず、改姓せざるを得なくなりました。幸い、当時はまだ緩いというか、銀行口座は旧姓のままほっとけたのでなるべく変えないぞ、いけるところまで内山でいこうって考えたんですけどね。職場の事務方から『戸籍名と違う口座には給与は振り込めません』と言われたときは、どうしても長年使ってきた口座の名義を変えるのが嫌だったので、小池の口座を新たにつくりました。ハンコも、『内山』ではなく『由香里』で新しくつくくって」

給与明細、健康保険証、銀行口座。じりじりと内山姓が消えていく中、最後の砦はあらゆる本人確認のベースとなる運転免許証だった。

由香里さん「結局、引っ越すときに免許証も小池になっちゃったんです。そうすると、それにひもづくカードや会員名義、各種証明書もひとつずつ小池姓になっていく。徐々に侵食されるというか……自分の名前が消えていくようでした」

それは由香里さんにとって、喪失の経験だった。自分の姓を取り戻したい――そう決意した彼女はその後、出産をきっかけにペーパー離婚し、子どもは夫の籍に残したまま自分だけ内山姓に戻る。そしてまた妊娠を機に幸夫さんと婚姻届を出し、出産後に再びペーパー離婚をしたのだという。並外れた行動力だが、そこまで思い切ったことができなかった人にもチャンスがあると由香里さんは言う。

由香里さん「選択的夫婦別姓が認められたら、1年くらいの猶予期間が設けられて、いま法律婚をしている夫婦もその期間内に手続きすれば、別姓を選べるようになるんじゃないかと耳にしたことがあります。そんなにたくさんいるとは思わないけれど、中には、やっぱり自分の姓に戻したいと考える女性も出てくるでしょう。男性は動揺するかもしれませんが（笑）、そのとき、夫婦で向き合って話ができるといいですよね」

由香里さんのように違和感を抱きながらも、しかたなく改姓した女性も多いかもしれない。もし別姓が選べるようになったらどうするか。夫婦で考えておく必要がありそうだ。

結婚はまだ、考えていないけれど

ドキュメンタリーをつくり、さまざまな人との議論を経たいま、真実さんは夫婦別姓についてどう考えているのだろうか。やはり結婚の際には、別姓を希望するのだろうか？

真実さん「それはまだわかりません（笑）。ただ……この社会には、結婚したからには相手と同じ姓がいいって思う人もいるし、仕事の関係で別姓じゃないと困る人もいる。母みたいに『自分の名前だから』って大切にしたい人もいる。だから選べるのがいちばんだなって思うんです」

ドキュメンタリーの中には、真実さんの同級生が「彼氏の名字になりたい！」とはしゃぐ場面がある。夫婦別姓を希望する友人はいるのかと聞くと、真実さんは笑って首を振った。

真実さん「友だち同士で話すことは、あんまりないかな。まだ真剣に結婚を考える年齢でもないので。それに高校生って自分の興味あることしか見ないし、ネットは自分が好きそうなコンテンツを出してくれるので、こういう政治が絡むような話題ってなかなか目に入ってこないんですよね。だからこそ決勝に残って、たくさんの高校生に見て、知って、考えてほしかったんですけど」

ふだんおっとりしている真実さんの「悔しさ」は、「伝えたい」気持ちの強さゆえだった。しかし、このドキュメンタリーはいま「陳情アクション」のYouTubeに掲載されている。それを見た大学の教授から、授業に使いたいと連絡が来たこともある。彼女の主張は、遠くまでしっかりと届きはじめているのだ。

真実さん「夫婦別姓に限らず、LGBTQの方や障がいを持っている方、海外の方……属性に関係なく、みんなが自分らしく生きられるのがいい社会だと思います。いま、多くの問題は『選べない』ことによって起こっていますが、夫婦別姓という選択肢がひとつ増えることで、たとえば同性婚やほかの問題も動く気がしているんです。みんなが自分らしく生活できるための一歩として、夫婦別姓、認められてほしいですね」

第2章

夫婦別姓議論をつかむ

議論するために前提を整える

2017年秋に「サイボウズの青野社長が別姓裁判を起こす方針を固めた」と報道されると、たくさんの応援メッセージとともに、強固な反対派の方々からいろいろなご意見（「売名行為だ！」から「売国奴！」といったものまで）も送られてくるようになりました。

同時に、夫婦別姓になんとなく不安を感じている「ゆる反対派」の方々からの声や、「夫婦別姓を求める裁判が起こっているのは知っているし、それを切実に望んでいる人がいることはわかるけれど、本当に実現して大丈夫なの？」と疑問を抱く方々の声も聞こえてきました。あるいは、「選択的夫婦別姓には賛成だが、青野の主張はジェンダー問題への配慮がないから気に食わない。男にはわからないだろう」といった、それこそ男性差別そのものやんけ、と言いたくなるような文句も。

とにかく、賛成派から反対派まで、多種多様な意見が飛び交っていたのです。

そうした反応を目にしながら僕が強く感じたのは、まずは「議論の前提」を整えないとあかんな、ということでした。みんなの「当たり前」や理解、あるいは言葉の指す意味をひとつずつ確認していかなければ、いつまで経っても建設的な議論はできそうもないぞ、と。

これは会社と同じです。新しいプロジェクトについて議論するとき、まずはメンバー同士で前提となる事柄を確認し合います。自社や外部の状況、解決したい問題、投資できる金額の規模、あるいは達成したい目標など、議論をしやすくするために認識を合わせるでしょう。そうでなければ、お互いが思ったことを脈絡なく投げつけ合うだけになってしまう。夫婦別姓も、テーマにまつわる共通認識が育っていないから議論が噛み合わず、前に進まない部分も少なからずありそうだと感じたのです。

僕たちが議論している「名前」とは、そもそもいったい何なのか。「戸籍」とは。「通称」とは。「選択的」とは。また、現状どのような法律（ルール）があり、どこに制限があり、どのような不利益が発生しているのか。そして、いままでにどのような議論が積み重ねられてきたのか。

もちろん僕自身だって、充分な知識があったわけではありません。なんといっても「原告＝訴える人」ということすら知らなかったのですから。

そこで、原告として応援してもらったり石を投げられたりしながら、僕は名前について、夫婦別姓について、それに関係する憲法や法律について勉強を始めました。この章では作花先生と一緒に考えていきます。

▼どうも、はじめまして。弁護士の作花知志と申します。青野さんに呼ばれまして、本章では姓や戸籍に関する知識を解説していきたいと思います。

まず簡単な自己紹介を。

私はしばしば「人権派弁護士」と言われます。それは、「女性の再婚禁止期間訴訟」を担当し、戦後10番目となる憲法違反の最高裁判決を勝ち取ったからでしょう（詳細は36ページで青野さんがご紹介してくださっています）。自分ではあまり「人権派」としての意識はないのですが、自然と、人が生まれながらに持っている権利に関する訴訟を担当することが多くなってきました。

岡山で事務所を開く私が夫婦別姓問題に携わるようになったきっかけは、2015年12月に最高裁判決が出た夫婦別姓裁判です。前述の「女性の再婚禁止期間訴訟」と同日に判決が出ていたのです。自分が担当していた裁判では歴史的な違憲判決が出たというのに、同時に「別姓裁判は残念だったな」という思いがどうしても消えなかったのを覚えています。

岡山に戻った後、偶然にも「夫婦別姓裁判を起こしてほしい」と依頼がありました。紆余曲折を経てお引き受けする運びとなり、青野さんは「ちょうどいい原告候補がいる」と知人に紹介してもらったのです。

残念ながら、この裁判は2021年6月に上告棄却され、敗訴が確定しています。私たちの主張は完全に無視されたかたちとなりますが、夫婦別姓に関してはほかの切り口でも裁判を起こすことはできます。選択的夫婦別姓を実現するまで——あらゆる不平等を解決するまでは、私も諦めずに戦い続けたいと思っています。

姓とは、名とは

勉強、といっても作花先生や有識者の方に教えてもらうことがほとんどでしたが、中でも人生ではじめて読み解く法律のおもしろさは想像以上でした。まるで、コンピューターのプログラム。エンジニアとして胸が高まりました。

まず、日本国の大前提は憲法に書いてあります。その大前提に沿って、民法や戸籍法といった各法律が「決まりごと」を抜け漏れなく、そして細かく定めている。それら各法律同士が――たとえば民法と戸籍法が――複雑に絡み合い、連動している。すべてにロジックが通っていて、破綻がないよう精緻に組まれているのです。その構造を把握しながら、「これは見事なプログラミングやな」と唸りました。違いがあるとすれば、すべて日本語で書いてあることくらいでしょうか。

ただ、現在は一部、その精緻なプログラムがバグを起こしている。裁判では、ここにバグを見つけましたよ、直さないといけませんね、と訴えたわけです。

ということで、プログラムの中身をひとつずつ見ていきましょう。

まず、当たり前のことではありますが、人には「名前」がついています。親につけてもらった名前、友だちにつけてもらったり、自分で自分につけたものなど、さまざまな名前があります。

これを大きく分類すると、「本名」と「通称」に分けられます。「本名」とは国家が法律で公式であると認めた名前で、それ以外は法律上根拠のない「通称」になります。

本名は、「姓」と「名（下の名前）」で構成されます。

「姓」とは、いわゆる「上の名前」で、名字・苗字・氏とも書かれます。由来や意味合いは微妙に違うようですが、本書では〈姓〉または〈氏〉と表記します（ちなみに一般的には〈姓〉が使われますが、法律上では〈氏〉を使うのが一般的。ですから法務省は、「選択的夫婦別氏《うじ》制度」と記載しているようです）。

▼作花です。

日本人は生まれるとまず、両親がいる場合、その夫婦の戸籍に入ります。いない場合は、母親の戸籍に入ります。

ひとつの戸籍にはひとつの姓が設定されていて、生まれた赤ちゃんも自動的にその姓を受け継ぐことになります。途中で養子縁組をしたり親が離婚したりしないかぎり、そのまま親の戸籍で親と同じ姓を名乗り続けます。

多くの人は結婚するときに、はじめて姓を変える可能性が生まれます。夫婦のどちらかが、相手の姓に変え、同じ姓を名乗らなくてはならないルールがあるからです。ファミリーとなり、同じ戸籍に入るためには、それが条件となっています。

その根拠が、夫婦同姓を規定する民法７５０条。「夫婦は、婚姻の際に定めるところに従い、夫又は妻の氏を称する」です。

「名」とは基本的に親、ときどきお寺さんや占い師などによってつけられる「下の名前」で、常用漢字か人名漢字であれば（そして常識の範囲内であれば）基本的に自由です。気軽に変えることはできませんが、家庭裁判所に申し立て、理由が正当と認められれば変えることもできます。

姓名について僕のケースをまとめてみましょう。

１９７１年6月26日、ひとりの赤ちゃんが、青野という姓を持つ夫婦のもとに生まれました。その子は両親の戸籍に入り、同時に慶久という名をつけられました。姓は戸籍筆頭者である父親の名字を受け継いで「青野」、名は両親がつけた「慶久」。それらを組み合わせた「青野　慶久」こそが、生まれたときの僕を表す「本名」となったわけです。

そして青野慶久は大人になり、結婚のときを迎えます。結婚するにあたって、それまで所属していた両親の戸籍を抜け、妻と2人で新しい戸籍をつくります。現在の夫婦同姓制度では、同じ戸籍に入るためにはどちらかの姓に統一する必要があるため、夫婦で相談して妻の姓を採用することに。そこで妻が戸籍筆頭者となり、僕も戸籍上は西端という姓になったのです。ここで姓「西端」、名「慶久」が「本名」になった。そして日本国家が法律上定める公式な本名が変わったことで、生まれてから30年にわたって使い続けてきた姓「青野」が本名ではなく「通称」になりました。そのため、かつての「本名」である「青野慶久」を使えない場面が増え、使い分けを余儀なくされ、不利益を被り続けている……というわけです。

戸籍とは？

「戸籍」という言葉、ここまでふつうに使ってしまいましたが、馴染みがあるようでよくわからない存在です。人生において戸籍を意識するのは、結婚するときやパスポートをつくるとき、あとは相続が発生したときなど、ごく僅かなライフイベントに限られています。必要に応じて戸籍謄《とう》本を取り寄せても、深く考えることもない。少なくとも僕はそうでした。

しかし、夫婦別姓を考えるうえでは、戸籍の役割や仕組みを理解しておかなければなりません。作花先生に聞いたり調べたりしたのですが、自分が生まれたときから入っている戸籍について、知らないことだらけでした。

【そもそも戸籍とは】

▼戸籍とは、ある日本人が、生まれてから死ぬまでの情報（氏名・出生・結婚・離婚・死亡・親族関係など）を記した、公の文書です。

「戸」の文字に表れているように、戸籍はひとつの家に住む「1組の夫婦＋未婚の子」、つまり1家族を単位としてつくられています。

「同一ファミリー・同一戸籍・同一氏」なのです。

ひとつの戸籍には、ひとつの姓しか入れませんから、青野さんの入っている戸籍には、「西端」の人間しかいない。「青野」が存在してはならないのです。

この原則について、ひとつの例を挙げましょう。

あるカップルが結婚しました。夫の姓を選択し、妻の妙子さんは古川から佐藤に改姓します。しかし数年後に離婚することになり、お母さんである妙子さんが子ども、太郎くんの親権者になることが決まりました。また、お母さんは離婚に際して、旧姓の古川に戻すことに。

このとき、たとえお母さんが親権者であっても、なにもしなければ太郎くんはお父さんと同じ戸籍に入ったまま。氏も佐藤のままです。

お母さん……古川妙子さん（親権者）

お子さん……佐藤太郎くん（父親と同じ戸籍）

妙子さんは、やっぱり自分と同じ戸籍に太郎を入れたいわ、こちらに移せないかしらと考えました。ところが、いまの法律ではそれは叶いません。ひとつの戸籍に、異なる氏は入れないからです。姓が違えば、親子でも親権者でもどれだけ絆が深くても、別戸籍になってしまうのです。

では、どうすればいいいか。お母さんが戸籍筆頭者となって新しい戸籍がつくられたうえで、太郎くんの氏である佐藤を、親権者であるお母さんの姓・古川に変えさせてくださいと裁判所に申し立てます。それが認められたらようやく、太郎くんの氏は古川に変わる。お母さんと同じ氏になったら、めでたく同じ戸籍に入れるようになるわけです。

これが、「同一ファミリー＝同一戸籍＝同一氏」の原則です。また、この原則があるからこそ、氏を「家族の絆の象徴」と捉える人がとても多いのです。

【「戸籍筆頭者」の姓がみんなの姓になる】

戸籍は、ある男女のカップルが結婚するときに新たに作成します。そして、それまで親の戸籍に入っていた「未婚の子」がそこから抜け、新しくつくった戸籍に入る——文字通り「移籍」するイメージです（余談ですが、芸能人の方が結婚するときにしばしば「電撃入籍」と表現されますが、正確にはこれは誤用で、そのまま「結婚」が正しい表現です）。

結婚するときには、どちらが戸籍の「筆頭者」になるか、あるいは「配偶者」になるかを決めなければなりません。

「筆頭者」は「誰がこの家の代表者か」という意味合いを持ちます。この代表者の姓が配偶者や、その夫婦の間に生まれた子どもなど、戸籍に在籍するメンバー全員に及びます。戸籍にフルネームが書かれるのは、いちばん上に書かれた筆頭者だけ。配偶

婚姻時の戸籍

戸籍の筆頭者が「家の代表者」となる。婚姻すると、別の筆頭者の戸籍に移る。

本籍 氏名	○○○○○○○○○○○○○ 渡辺一男
戸籍事項 転籍	
戸籍に記載されている者	【名】一男 【生年月日】○○○○○ 【父】○○○○○ 【母】○○○○○ 【続柄】○○○○○ 【配偶者区分】○○○○○
身分事項 婚姻	【出生日】○○○○○ 【出生地】○○○○○ 【届出日】○○○○○ 【届出人】○○○○○ 【婚姻日】○○○○○ 【配偶者氏名】○○○○○ 【従前戸籍】○○○○○
に されている者	【名】花子 【生年月日】○○○○○ 【父】○○○○○ 【母】○○○○○ 【続柄】○○○○○ 【配偶者区分】○○○○○

本籍 氏名	○○○○○○○○○○○○○ 山田太郎
戸籍事項 転籍	
戸籍に記載されている者	【名】太郎 【生年月日】○○○○○ 【父】○○○○○ 【母】○○○○○ 【続柄】○○○○○ 【配偶者区分】○○○○○
身分事項 婚姻	【出生日】○○○○○ 【出生地】○○○○○ 【届出日】○○○○○ 【届出人】○○○○○ 【婚姻日】○○○○○ 【配偶者氏名】○○○○○ 【従前戸籍】○○○○○
戸籍に 記載されている者	【名】花子 【生年月日】○○○○○ 【父】○○○○○ 【母】○○○○○ 【続柄】○○○○○ 【配偶者区分】○○○○○

花子さんは、結婚して、渡辺家の戸籍から山田家の戸籍に入る。

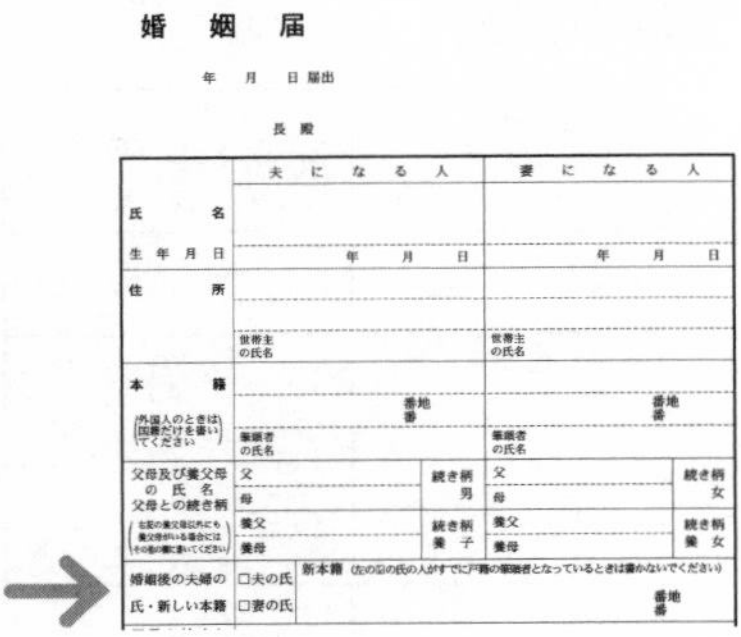
婚姻届

年　月　日届出

長殿

	夫になる人		妻になる人	
氏名				
生年月日	年　月　日		年　月　日	
住所	世帯主の氏名		世帯主の氏名	
本籍（外国人のときは国籍だけを書いてください）	番地 番 筆頭者の氏名		番地 番 筆頭者の氏名	
父母及び養父母の氏名 父母との続き柄（他の養父母以外にも養父母がいる場合にはその他の欄に書いてください）	父 母	続き柄 男	父 母	続き柄 女
	養父 養母	続き柄 養子	養父 養母	続き柄 養女
婚姻後の夫婦の氏・新しい本籍	□夫の氏 □妻の氏	新本籍（左の☑の氏の人がすでに戸籍の筆頭者となっているときは書かないでください） 番地 番		

婚姻届は、夫の姓と妻の姓のうち、筆頭者となる方の名前を選ばなければならない
（婚姻届は法務省HPより）

者と子どもの欄は姓が空白のままで、名だけ記されます。

現在のところ、96パーセントの夫婦が男性を筆頭者にしている。だから男性側の姓を名乗ることが多い、というわけです。

余談ですが、ヤマダさんとヤマダさんが結婚しても、婚姻届を出すときには「どちらかの氏を選ぶ」ことになります。筆頭者となるほうの名前の横にチョン、と印をつけなければ受理されません。この「チョン」は、「こちらのヤマダさんが戸籍筆頭者で、こちらのヤマダ姓に揃えます」という意味なのです。

【日本人にのみ与えられる】

▼戸籍には、日本人のみ入れます。たとえ長年日本に住んでいても、国籍を取得しないかぎり外国人は戸籍に入ることができません（マイナンバーカード等は付与されます）。

外国人が戸籍に入れないことは、一部の人にとっては非常に大切なポイントのようです。そのため、戸籍制度を改正して選択的夫婦別姓を実現しようとすると、「売国奴！」と意味不明な批判をされることがあります。実際は逆で、現在の制度では日本人同士が結婚するときだけ夫婦別姓を選ぶことができないので、日本人だけが損をしている状況なのですが。

【戸籍の名前が「本名」になる】

▼さらに、選択的夫婦別姓の議論において大切なポイントをひとつ挙げるとしたら「本名とは戸籍に書かれている名前である」ということでしょう。戸籍に書かれている名前こそ、国家的に保証された唯一の名前です。逆に言えば、それ以外の名前はニック

ネームのようなもの。オフィシャルな名前にはなり得ないのです。

選択的夫婦別姓が求められているのは、「それまでの人生で使い続けてきた本名を変えるのはもちろん、国家から承認されていない名前を使い続けるのも大変すぎるからです。

いくら旧姓の通称使用が定着し、マイナンバーカードや住民票、パスポートに旧姓併記ができるようになっても、法的な根拠のない名前に過ぎません。非公式な名前を公式な場で使うことで「困りごと」が生まれるのは当然です。とくに海外では通称使用という概念すらないわけで、通称が併記されたパスポートを見せても、「通称？お前は何を言っているんだ？」と眉をひそめられておしまい、ということも起こるでしょう。

海外渡航のほかにも、契約やIDの提示といった大事なところほど通称が使えない不便は、「通称＝本名」ではない名前だからこそ生まれているのです。

▼旧姓使用は拡大しつつありますが、青野さんがおっしゃるとおり、これはあくまで

法的な根拠のない名前となります。ところが最高裁判事だった宮崎裕子氏は、仕事で旧姓を使用していました（２０２１年の最高裁大法廷決定で、民法７５０条は違憲だと意見を述べた方でもあります）。司法の最高機関が法律上根拠のない名前で判決文を書いている時点で、この法に欠陥があることは明らかではないでしょうか。

名前にまつわる法律の歴史

第1章の終わりに「伝統も歴史も周りの国も関係ない」と言いましたが、とはいえ選択的夫婦別姓について議論する際、最低限の知識は必要です。相手が「伝統が……」「歴史が……」と言っているとき、手ぶらでは反論もできませんから。

ということで、憲法や法律の概念ができた明治以降、戸籍や夫婦の姓のあり方がどのように変化してきたか、最低限必要なところだけざっくりと頭に入れていきましょう。作花先生、お願いします。

▼江戸時代を経て迎えた、近代の始まりである明治時代。姓に対して国からまずアナウンスがあったのは、大政奉還から3年後の１８７０（明治3）年のことでした。「平

民苗字許可令」が発令され、その名のとおり、私たちのようないわゆる平民（一般人）でも、姓を名乗れるようになったのです（ただしこの5年後には、「許可」ではなく「義務」となります。近代国家を目指す上で、国民が姓を持つことは不可欠だと判断されたのでしょう）。

1871年。いよいよ「戸籍法」が登場し、翌年には戸籍に「氏」と「名」を登録するシステムができあがります。このときに「一人一名主義」、つまり人間ひとりにつきひとつ名前を持っているとする、現在に通ずる原則が完成したと言えます。

そして1898年。明治民法によって「家族同氏」の原則が定められます。それまでは「女性は結婚しても生家の姓を用いること」とする規定が生きていましたが、ここで「夫婦同姓」のベースができたのです。

しかもただの「同氏」ではありません。「妻は婚姻によって夫の家に入る」と明記され、「妻が夫の姓を称すること」がルール化されました。個人と個人の婚姻ではなく、「家」が最優先事項となった。いわゆる「家制度」で、「男性（父親）である戸主（家長）が家族全体を統率する」、また「家族は家長に従わなければならないが、家長は家族を養わなければならない」とする家父長制ができあがったのです。

天皇制と家父長制

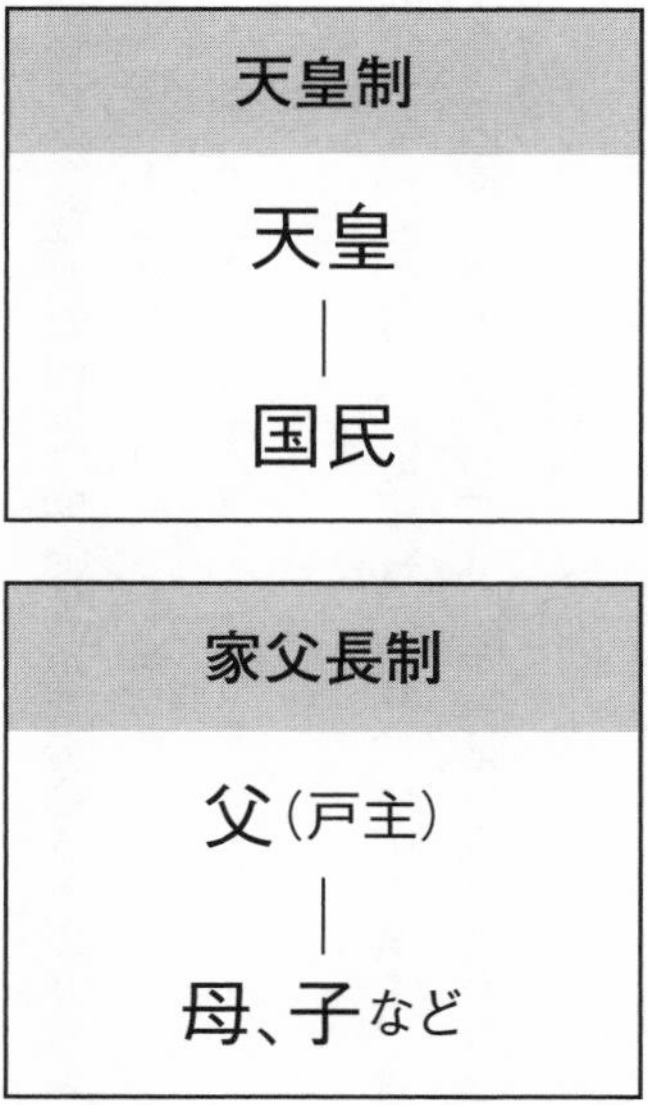

かつては、天皇は国家の長であるとして、戸主と家族の関係を、
天皇と国民の関係になぞらえていた

ちなみに「国家」という言葉に「家」が使われているのは、男系である天皇を父、国民を天皇の子と見立てて「家族的調和」を目指していたから。大きな家父長制を表現したかったのだろうと考えられています。

現行の日本国憲法が完成したのは、明治民法が発令されてからおよそ50年後。第二次世界大戦終戦後の、１９４６年に公布されました。

ここで憲法は、「両性の本質的な平等」を掲げます。

憲法24条2項：配偶者の選択、財産権、相続、住居の選定、離婚並びに婚姻及び家族に関するその他の事項に関しては、法律は、個人の尊厳と両性の本質的平等に立脚して、制定されなければならない。

それに従い、民法７５０条にて「夫婦は、婚姻の際に定めるところに従い、夫又は妻の氏を称する」と定められたのです。結婚するなら姓は揃えてくださいよ、ただし男性と女性のどちらの姓を選んでもいいですよ、なんといっても両性は対等な立場ですからね、というわけです。

明治民法で定められていた家制度や家父長制自体も、新しくできた日本国憲法が定める「個人の尊厳」に基づき廃止されました。個人こそが、もっとも尊重すべきものである。これが日本国憲法の大原則です。

女性の社会進出と、「名前」のあり方の変化

こうして、家制度を後ろ盾にした「ファミリー第一」ではなく、いわば「個人第一」の時代に入った日本。それでも姓の役割自体は、明治憲法時代を引きずり続けました。個人のＩＤとしての機能を果たすと同時に、ファミリーを表すものとして存在し続けたのです。実際、「父親がいちばんエライ」「父親に逆らうな」といった家父長制に近い家庭像も、昭和の時代には根強く残っていました。明治時代に定められていたように「妻が夫の姓を称する」夫婦がいまだに96パーセントいることも、その名残でしょう。

しかし、その姓のあり方が、20世紀後半から21世紀にかけて徐々に変化してきています。「名前」というものが、より「個人」を象徴するものに、経済活動を営み社会

活動を送るうえで必要不可欠な存在になってきているのです。

その背景には、やはり女性の社会進出があります。

これまでは女性が夫の姓に変えても、専業主婦として夫の扶養に入っていれば、大きな不都合は生じていませんでした。もちろんアイデンティティの喪失やさみしさといった精神的な苦痛は生じていたでしょうが、社会全体で議論を呼ぶほどの問題にはなっていなかった。「結婚して専業主婦になる」と言えば、「○○家の嫁になる」という認識が社会全体に少なからずあったのです。

ところが、働く女性はみるみる増えていきます。1999年に男女共同参画社会基本法が成立したころには、「私の名前」でキャリアを切り拓く人や、結婚しても働き続ける人が多数になってきました。結婚が、「家に嫁ぐこと」ではなく、「自立した個人同士でするもの」という意識が根付いてきた。

姓はもはや、「私は○○家の人間（嫁）です」と立場を表明するものではなく、「私は○○●●という名前を持つ一個人です」と、己の社会的存在を表明するものになりつつあるのです。

選択的夫婦別姓反対派の人が唱えている「氏」は、旧来のファミリーを表すもの。賛成派が念頭に置いている「氏」は、個人の社会活動で使用するもの。夫婦別姓についての議論は、このような前提の違いがあるから議論が噛み合わないのではないかと作花先生に言われたとき、なるほどそうかと膝を叩いたものです。

▼同じ言葉でも、時代によってその意味が変わる――これは、法の分野でときどき起こることです。

たとえば「親子法」は、明治民法下では家のための制度でした。それが日本国憲法下で改正された民法では、家のためではなく、親を守るための制度として解釈されるようになります。そして1990年代に入ってからは、国際的な動きもあり、子どもの権利を守るための規定として解釈されるようになりました。

時代や社会状況、人権意識の変化によって、法律の持つ意味がくるくると変わっていく。これらの分析にはじめて触れたのは深谷松男先生『現代家族法』で、司法試験の受験勉強のさなかに読んだ私はえらく腑に落ち、感銘を受けたものです。

言葉とは、そして法律とはそういうものです。決して不変ではない。時代に応じて変わっていくもので、フレキシブルな側面もあるのです。

民法で定められている「氏」も時代や社会情勢に応じてその言葉が持つ意味合いが変わってきたわけですから、夫婦別姓を議論する前に「あなたの思う氏とは何ですか？」と問うところから始めなければならないわけですね。

こうした「解釈」の話はなかなか法律のおもしろさを感じられるかと思うのですが、いかがでしょうか？

さらに余談ですが、戸籍についておもしろい話があります。

先ほど私は、「家制度や家父長制は戦後に廃止された」と言いました。このとき、「なぜ戸籍もつくり変えなかったんだろう」と思いませんでしたか？　新しい憲法は個人の尊厳が第一なのだから、家族単位の戸籍制度は廃止にして、個人ごとにつくり変えたほうが理に適っている。そう誰も考えなかったのか？　と。

じつは、その案もあったのです。ＧＨＱ（連合国軍最高司令官総司令部）から、戸籍を家ごとから個人ごとに管理する方式に変える案が出されていました。

ところがその計画は頓挫してしまいます。なぜか。

紙不足です。

当時の戸籍は紙で管理していました（当然、手書きです）。ファミリーで１枚にまとめてある戸籍を解体し、個人ごとにつくり直すとなると、膨大な紙が必要となります。１家族６人だとしたら、単純に６倍の紙が必要になるわけですから。戦後の日本に、そこまでの余裕はとてもなかったのです。

そんな理由で個人ごとの戸籍は諦めざるを得ず、家族単位のまま存続することになりました。もしあのとき潤沢に紙を用意できていたら、個人ごとの戸籍になっていたら、おそらく選択的夫婦別姓問題はあっさり解決していたでしょう。

ちなみに韓国は、日本の戸籍制度を「輸入」して使っていたため長らく家族単位の戸籍でしたが、２００５年、「戸主制は個人の尊厳を謳《うた》う憲法に反する」と判決が下され、２００８年、戸籍制度自体を廃止しています。「家族関係登録制度」という新しい制度が導入され、戸籍謄本の代わりに個人別の証明書が発行されるようになりました。

夫婦別姓反対派の方は、こうした「戸籍の解体」をイメージされることも多いようです。日本の家族が一体感を持っているのは戸籍のおかげなのに、家族がバラバラになってしまうと危機感を抱いていらっしゃるわけですね。

紙不足により明治時代の制度を継続することになった昭和、平成を経て、令和の現在において戸籍はすべて電子化されています。しかも、システムとしても夫婦別姓に対応できるように組まれている。選択的夫婦別姓の実現にあたって、たいしたコストはかからないでしょう。あとはゴーサインを出すだけのところまで準備はできているのです。

名前には、2種類ある

裁判こそ上告棄却されてしまいましたが、僕たちが「何を訴え」「どう変えようとしていたのか」についてもお話ししておきたいと思います。同じ発想で法制度を変えようとしている政治家もいますし、今後は立法の場で議論になるはずですから。

まずは前提となる、法律の知識から。

はじめて作花先生とお会いしたとき、品川のレストランで先生は「2つの姓」について話してくださいました。

どういうことだろうと首をひねる僕に、ふだん意識しないことですし、ほとんど知られていないのですが、と前置きして説明してくださったのが、次の概念でした。

▼法律上、名前は、
・民法上の氏
・戸籍法上の氏
の2つが存在しています。

「民法上の氏」は、「民法の規定によって取得したり変わったりする氏」を指します。民法とは、出生や結婚、離婚、養子縁組や離縁などの「身分変動」を起こすライフイベントについて、こういうものだ、こうしなさいと細かく定義している法律です。

つまり「民法上の氏」とは、ライフイベントや人生の選択による「身分変動」に応じて、強制的に変わる名前のこと。「誰かに呼ばれたり識別されたりするための氏」ではありません。

一方「戸籍法上の氏」は、戸籍に書かれる名であり、別名「呼称上の氏」。つまり、「誰かに呼ばれたり識別されたりするための名前」と言えるでしょう。私たちが一般的にイメージする「名前」はこちらで、社会的に使われている呼び名です。

この2つは通常は一致していますが、呼称上の氏を民法に従った名前に変えてしまうと社会生活に不都合が生じる場合のみ、「不一致でもよい」とされています。健康保険証やパスポート、クレジットカードなどすべて民法上の氏ではなく「呼ばれたり識別されたりするための名前」、つまり戸籍法上の氏を使える特別ルールです。

ただし、戸籍法上の氏を使えるパターンは、限られています。

いちばんイメージしやすいのは、「離婚したとき」でしょう。結婚したときに夫の姓に変えた女性が離婚したときは民法上、旧姓に戻ります。なにも届け出をしなければ、戸籍法上も、旧姓に戻る。

ただし、結婚時の氏を使い続けたい人は、離婚後3ヶ月以内に届け出さえすれば、戸籍法上の氏としてそのまま使うことができるのです。

民法767条：婚姻前の氏に復した夫又は妻は、離婚の日から三箇月以内に戸籍法の定めるところにより届け出ることによって、離婚の際に称していた氏を称することができる。

少し複雑なので整理するために、具体的な例で考えてみましょう。
旧姓・山口の、直子さんという女性がいます。結婚前の氏は、次のとおり。

・民法上の氏→山口直子
・戸籍法上の氏→山口直子

一致していますね。さて、彼女は結婚した夫の姓を選択し、高橋直子になりました。

・民法上の氏→高橋直子
・戸籍法上の氏→高橋直子

ここも一致しています。しかし直子さんは結婚して25年後、離婚します。彼女は大学の研究者で、この10年間でいくつもの論文を発表していました。いま旧姓に戻すと、婚姻時の名前で発表した論文が検索でヒットしなくなってしまいます。これからも論文は書いていきたいし、仕事上の呼び名も、混乱が生じてしまう。

そこで直子さんは、離婚しても「高橋直子」のまま生きていくことを決意。そこで離婚してすぐ、役所に結婚時の姓を使い続けるための届け出をしました。このとき彼女は次のような状態です。

・民法上の氏→山口直子（元の氏に戻ることを復氏と言います）
・戸籍法上の氏→高橋直子

婚姻関係自体は終了したため、民法上の氏は山口。けれど戸籍法上（呼称上）の氏は、高橋のまま。２つの名前を有しているわけです。

離婚後、旧姓に戻るか、あるいは結婚時の姓をそのまま名乗り続けるか選ぶことができるこの規定を「婚氏続称」と呼びます。１９７６年、わずか45年ほど前に作られた新しいルールです。「戸籍法上の氏」の概念は、このときに誕生しました。

それ以前は、離婚すれば以前の姓に戻ることが義務づけられていました。それが女性の社会進出が進んだことによる、「離婚はしたいが、姓は結婚時のまま変えたくない」という声の高まりによって立法されたのです。

時代変化に応じて、法は変わる。変わらねばならない。そんな実感を持てるエピソードではないかと思います。

作花先生の話の中で僕がおもしろいなと思ったのが、45年ほど前になぜ「戸籍法上の氏」という概念が誕生したか、という経緯でした。

婚氏続称制度は、離婚した女性の「結婚中の姓を使い続けたい」という訴えが増えたとき、「じゃあ法的に、本名として使えるようにしなきゃね」という発想になったからこそ生まれた制度です。ただ、先ほど説明があった通り、本名とは戸籍名ですから、婚姻時の姓を戸籍に反映させる必要がある。

ところが、「身分変動」とマッチしない氏の変更は、民法に反することになるのです。それはできません。困ったぞ、と法律家は頭をひねったのでしょう。

そうしてあれやこれやと考えた結果、次のような結論に至ったのです。「民法ではなく戸籍法のほうで、呼称上の氏を保証しようじゃないか。それなら民法に触れずに本名として使えるぞ」

こうして、女性たちの権利を守る「戸籍法上の氏」という概念は誕生したのだそうです。

作花先生曰く、戸籍法上の氏とは「本来は法律上の氏ではない通称を、法律上の氏に昇格させたもの」。女性たちの困りごとを解決するために、大胆とも言えるルール変更を行なったというわけです。

法律って案外融通が利くんやな、と感心してしまいました。

外国人と結婚・離婚するとどうなる?

▼もうひとつ、戸籍法上の氏を使うケースがあります。

日本における婚姻のおよそ3パーセントを占める国際結婚ですが、外国人は日本国籍を取得しないかぎり戸籍を取得できません。ですから結婚すると、夫婦のうち日本人が入っている戸籍の「身分事項」にある「婚姻」の欄に、配偶者として情報が記されるにとどまります。

つまり国際結婚の場合、民法上は別姓。「同一ファミリー・同一戸籍・同一姓」の原則からは外れてしまうわけです。

しかし、国際結婚でも同じ姓を名乗る手段はあります。結婚したときに何もアクションを起こさなければ別姓婚になるのですが、結婚して6ヶ月以内に届け出すれば、同じ姓を名乗ることができるのです。

こうして同姓を選んだ場合に名乗るパートナーの氏は、「戸籍法上の氏」です。同じ戸籍には入っていないから（入れないから）、民法上の氏は結婚前と変わらない。戸籍法上の氏のみ、たとえば高橋からスミスになることができるわけです。

婚氏続称と同じく、国際結婚する当事者たちからの「同じ氏を名乗りたい」という声を反映してつくられた、こちらも新しいルールです。


「戸籍法107条：外国人と婚姻をした者がその氏を配偶者の称している氏に変更しようとするときは、その者は、その婚姻の日から六箇月以内に限り、家庭裁判所の許可を得ないで、その旨を届け出ることができる（日本人が外国人の姓を名乗る場合）。

ちなみに国際結婚で氏を統一したカップルが離婚した場合、婚姻時の姓を名乗り続けるか元の姓に戻るか選択できます。これは日本人同士の離婚と同じですね。

ポイントは、日本人同士で結婚する場合には氏を選ぶ余地がないのに、外国人と結婚する場合は氏のあり方を選べるということです。

なぜ「強制的夫婦同姓」は違憲なのか

「2つの氏」が存在していること。離婚時には氏を選択できること。国際結婚の場合も氏を選択できること。

ここまでお話ししたこれらの要素が、作花先生が見つけた「夫婦別姓裁判で勝てる切り口」の鍵だったのです。

過去の裁判における争点は、民法750条に定められている夫婦同姓の規定が、

・「氏の変更を強制されない自由」に反すること
・この規定により事実婚を強いられていること
・改姓によって生活の不利益が生じていること

また、

・96パーセントの夫婦が男性側の姓を名乗っていることで「男女不平等」が生じていること

などでした。これらが憲法違反だと訴えてきたわけです。

しかし、これらは棄却されてきました。氏の変更に関しては「家族の呼称をひとつに定めることは合理性が認められる」し、不利益に関しては「立法の問題」だし、不平等に関しては「男女どちらの姓にするかの選択は認められている」から、というわけです。

これらの判決は「はいそうですか」と納得できるものではありませんが、しかし、裁判で勝訴をもぎ取るには論が弱い。どうすればもっと強い論理で戦えるか――。作花先生はそこを考え尽くしたのだそうです。

▼違憲判決を求める裁判で必要なのは、「比較対象があること」です。比較対象があり、「こちらは○なのにこちらは×」という不平等な状況をはっきり示すことができなければ、説得はむずかしいのです。

たとえば女性の再婚禁止期間裁判の場合、「男性は離婚の翌日から再婚できるのに、女性だけがなぜ6ヶ月も待たなければならないのか？」の問いが「比較」になります。女性は半年待つことが義務づけられている。それは男性には適用されない規定だ。よってたしかに不平等が存在している、つまり憲法違反であると主張できるわけです。

ということは、憲法違反を勝ち取るには、まず「比較」できる争点を探さなければなりません。そこからスタートし、資料や論文にあたっていきました。

そしてあらゆる論文にあたった末に見つけたのが、「たとえ民法750条そのものが合憲だとしても、戸籍法の欠缺《けんけつ》は違憲」とする主張です（「欠缺」とは聞き慣れない言葉かもしれませんが、「欠けていること」と言い換えて大丈夫です）。

先ほどご説明した、「日本人同士の結婚と離婚」「外国人との結婚と離婚」の4つの場面で氏の選択について比較したときに、明らかな「穴」を見つけたのです。

① 日本人同士が結婚した場合
② 日本人同士が離婚した場合
③ 外国人と結婚した場合
④ 外国人と離婚した場合

１０５ページの図の４象限を比較してみると、ひとつだけ×があるのがわかりますね。ほかの３象限では生活上の不便や「困った」を解消するため、個人の意思を尊重するかたちで氏が選択できるように配慮されています。戸籍法によって「戸籍法上の氏」が使えるようにケアされている状態です。

それなのに、マトリックス①の部分、つまり「日本人同士が結婚した場合」のみ、姓を選ぶことができないのです。不便なままで、「困った」が放置されている。これはまごうことなき不平等であり、合理性は認められません。

戸籍法の欠缺（欠けていること）は違憲に違いないのです。

品川で作花先生のこの主張を聞いたとき、とてもシンプルで明解だと思いました。戸籍法の欠缺が違憲となれば、民法上の氏と戸籍法上の氏、2つの名前が不一致となる状態を（離婚時だけではなく）婚姻時にも適用する制度をつくればいいだけの話になります。

・民法上は、夫婦のどちらかが姓を変える（夫婦同姓になる）
・戸籍法上の氏として、旧姓をそのまま使い続けられるようにする

このルールをつくることができたら、僕の場合、結婚することで民法上の氏は「西端」になっても、戸籍法上（呼称上）の氏は生まれてから死ぬまでずっと「青野」だけを使うことができるわけです。作花先生はこの制度について、「結婚によって氏が変わる人の、その新しい氏の上に、呼称上の氏（旧姓）のシールを1枚ぺたっと貼るイメージです」と説明されていました。

では、それを実現するためには、どうすればいいか。次のような、魔法の条文を戸籍法に加えるだけなのです。

日本人同士と、日本人と外国人の結婚と離婚の姓の選択

	結婚	離婚
日本人同士の場合	別姓 ✕ 法律の規定なし	別姓 ○ 民法、戸籍法 旧姓に戻っても3ヶ月以内の届け出で離婚時の姓に
日本人と外国人の場合	別姓 ○ 戸籍法 結婚から半年以内の届け出で外国人の姓に	別姓 ○ 戸籍法 外国人姓に改正後に離婚、3ヶ月以内の届け出で元の姓に

日本人同士が結婚した場合のみ、姓を選ぶことができない。戸籍法における不平等である
（出典：withnews 2021年4月27日『「選択的夫婦別姓」36年前の世論調査では…今は自民支持層も賛成6割』）

「婚姻により氏を変えた者で婚姻の前に称していた氏を称しようとする者は、婚姻の年月日を届出に記載して、その旨を届け出なければならない」

これなら戸籍の仕組みを大きく変えなくても、「同一戸籍・同一姓」のルールだけ変えることで夫婦別姓を実現できるはずです。

しかも、このやり方だと、

・民法上の名前は家族全員同じ
・子どもの姓も戸籍筆頭者と同じ

となりますから、いわゆる「家族の絆」や「一体感」を気にする人たちも少しは安心できるでしょう。

僕たちは司法のほうから攻めながらこの提案をしてきましたが、最終的には立法府、国会議員が動かなければ制度はできません。幸い、このシンプルでわかりやすい主張に賛同してくださっている議員の方もいらっしゃいます。ぜひとも、制度として実現していただきたいと思います。

法律のバグを直そう

振り返ると選択的夫婦別姓は、これまで厳しい受難の道を歩んできました。

１９９６年：法制審議会が選択的夫婦別姓の法律案要綱を答申。夫婦の氏については「婚姻の際に定めるところに従い、夫若しくは妻の氏を称し、又は各自の婚姻前の氏を称する」ものとする選択的夫婦別姓制度が盛り込まれた。
１９９８年：国会へ提出されると自民党の反発で廃案に。
２００２年：民法の改正が議論されたものの、自民党議員の反対もあり、頓挫。
２０１０年：民主党政権の鳩山内閣時代。選択的夫婦別姓を盛り込んだ民法改正案が提出されたものの、当時、民主党と連立政権をつくっていた国民新党の亀井静香代表が反対を表明。与党内での足並みが揃わず、頓挫。

法案が提出されては却下される、これを何度も繰り返してきたのです。いずれも、「民法で規定された日本の伝統的な家族像を崩壊させるべきではない」「行きすぎた個人主義によって日本がダメになる」というのが彼ら反対派の主張でした。

しかし、作花先生のこのアイデアは、反対派の主張にも寄り添ったものです。戸籍法に、先の一文を加えるだけ。繰り返しますが戸籍の概念も、婚姻の概念も、家族の概念も変わらないのですから。ただ、戸籍に今まで使ってきた姓を「公式の名前」として登録でき、法的に本名としての使用が保証されるようになるだけです。

……しかし、こうしたシンプルなロジックを引っさげて挑んだ東京地裁での一審、東京高裁での二審は、前述したとおりともに敗訴。そして、最高裁での裁判は上告棄却となってしまいました。僕たちの主張は見事にスルーされたのです。

曰く、「(夫婦同氏を定める) 民法750条は、日本人と外国人の結婚には適用されない。だから比較はできない。よって不平等ではない」とのこと。合理とは、論理とは何なのか、頭を抱えてしまいました。

もともと国側は「法律上の氏はひとつ。結婚後に今まで使ってきた姓を使うのは、

２つの氏の存在を認めるようなもの。それを認めることはできない」と主張しています。しかし、離婚した日本人や外国人と結婚した日本人には、民法上の氏と戸籍法上の氏が存在するわけですから、ばっちり反例があるわけです。

世の中には間違いなく「２つの氏」が存在しているのに、それは見ないことにしている。

もはや、無視できないバグが発生しているのは明白です。

▼夫婦別姓の問題は、経済学者からするとものすごく「おかしく」見えるんだそうです。「選択的」なのに何を争っているのかわからない、と。同姓にしたい人は同姓で結婚できるのだから、誰も不幸にならない。むしろハッピーな人が増えるだけ――それを経済学ではパレート改善というそうです――なのに、それを導入しようとしないのは異様だと言われますし、「日本の法律家はいったい何を考えているんだろうね？」と笑われたこともありますから。でも、おっしゃるとおりだと思います。
氏とは、人権に関わる問題です。いまの日本は「自分たち多数派が大切にしている価値観を君たち少数派も守りなさいよ」と押しつけている状態で、これは明らかな人

権侵害です。

人権は多数決では奪えないもの。奪ってはならないものです。

個人としての尊厳を数の多寡によって脅かされるなどということは、あってはならないと思います。

非合理的な判決文、謎の「パッケージ」現わる

「裁判官って、合理的な判決文を書かないんだ……」


裁判を起こし、判決の結果だけでなく判決文まで読むようになった僕が、もっとも驚いたことでした。

あれだけむずかしいと言われる司法試験を突破し、その中で人権について学んでいるはずの、日本の司法を担う存在であるはずの裁判官が——しかも司法の最高機関である最高裁の判事まで——非合理的な判断を下し、それを堂々と文書にする。自分の裁判、あるいはほかの夫婦別姓裁判の判決文を読解しながら、かなりの衝撃を受けたものです（いい加減慣れてはきましたが）。

2021年6月23日。選択的夫婦別姓を求める裁判は、2015年の判決を踏襲するかたちで、最高裁にて再び棄却されました。

ときどき混同されるのですが、この裁判は僕が起こしたものとはまた別のもの。夫婦別姓を認めない民法と戸籍法の規定は憲法違反だとして、事実婚を選択している3組の男女が起こした裁判です。この流れで僕たちの裁判は上告棄却されることとなってしまいました。

このときの判決で、「違憲」としたのは判事15人中、三浦守氏、宇賀克也氏、草野耕一氏、宮崎裕子氏の4裁判官のみ。

もちろん合憲判決そのものにもがっかりさせられましたが、問題はその判決文です。あまりにも、ひどい。一部を抜粋しましょう。

本件処分の時点において本件各規定が憲法24条に違反して無効であるといえないことは上記のとおりであって、この種の制度の在り方は、平成27年大法廷判決の指摘するとおり、国会で論ぜられ、判断されるべき事柄にほかならないというべきである。

つまり、司法では判断しないから立法（国会）がどうにかしてくれよな、2015年と同じ結論だぜ、と言っているのです。法の番人としてなかなか無責任だと思うのですが、より意味不明なのが、次の文章。

憲法24条1項は、婚姻をするかどうか、いつ誰と婚姻をするかについては、当事者間の自由かつ平等な意思決定に委ねられるべきであるという趣旨を明らかにしたものであるところ、ここでいう婚姻も法律婚であって、これは、法制度のパッケージとして構築されるものにほかならない。そうすると、仮に、当事者の双方が共に氏を改めたくないと考え、（略）夫婦同氏制が意に沿わないことを理由として婚姻をしないことを選択することがあるとしても、これをもって、直ちに憲法24条1項の趣旨に沿わない制約を課したものと評価することはできない。

一読して独特の文体に丸め込まれそうになるかもしれませんが、冷静に考えてみましょう。

そもそもこの裁判は、「夫婦どちらかだけが損をする制度（強制的夫婦同姓制）」が、「両性が平等であるべき婚姻の条件」となっていて、しかもそうする（不平等を受け入れる）かどうか「選択できない状況」なのが「おかしい」と主張している裁判です。「平等であるべき結婚」と「夫婦どちらかだけの改姓という不平等」がパッケージとして構築されていることがおかしいんだ、と。

それなのに、最高裁は「結婚と改姓はパッケージになっている。だからそういうものだ、仕方がない」と言っている。「結婚とは改姓を伴うものとして制度設計されているので、結婚による改姓は違憲ではありませんよ」と、真面目に主張しているのです。

僕にはちょっと理解ができません。憲法で平等を保証されている婚姻に不平等な条件が含まれているから違憲だと言っているのに、話が嚙み合っていないのです。

ちなみに、もっともらしく使われていますが「パッケージ」は法律用語ではありません。普段使い慣れない横文字の言葉で押し切ろうとしているようにも感じられます。これが日本の最高裁の現状です。合憲判決を出した裁判官11人全員をパッケージにまとめて退任させたい気持ちに駆られました。

これらの判決文も、僕たちの上告棄却も司法への信頼が揺らいでしまいそうではありますが、ただ、僕はこの判決を受けた一連の報道に世論の変化をより強く確信しました。

この判決については連日「Ｙａｈｏｏ！　ニュース」のトップを飾り、テレビや新聞などのマスメディアが選択的夫婦別姓の特集を組みましたが、「なぜ選択的夫婦別姓制度は実現されないのか」と最高裁判決を非難する論調がほとんどだったからです。全国紙だけでなく、北海道から沖縄まで数々の地方紙の社説がこの判決を取り上げ厳しく断じていましたし（たとえば東京新聞は「夫婦別姓から逃げた？　最高裁『憲法の番人の役割果たさず』国会任せの姿勢に批判の声」と激しく批判しています）、世論調査では別姓への賛成が多数を示していました。

また、その中で、「違憲である」と判断した４裁判官の反対意見は多くの人々から支持されていました。やや長いですが、ぜひ左の一部要約を読んでみてください。ぐっとくるものがあります。そして判決文とどちらに理があるか、考えていただきたいと思います。

宮崎判事、宇賀判事

生来の氏名が失われることによるアイデンティティの喪失を受け入れることができず、生来の氏を使うことを希望する人に夫婦同姓を婚姻成立の要件とすることは、生来の氏名に関する人格的利益が侵害されることを前提に婚姻の意思決定をせよというに等しい。（略）当事者の意思に反して夫婦同姓を受け入れることに同意しない限り、婚姻が法的に認められないというのでは、婚姻の意思決定が自由で平等なものとは到底いえない。

草野判事

人生で慣れ親しんだ姓に強い愛着を抱く人は多く、そうした人たちにとって、婚姻のためでも姓の変更を強制されるのは福利の減少だ。さらに、姓の継続的使用を阻まれることは社会生活を営む上で福利の減少をもたらすのは明白で、共働き化や晩婚化が

進む今日、一層深刻な問題だ。（略）選択的夫婦別姓制は確実かつ顕著に国民の福利を向上させる。（略）

当事者以外に夫婦別姓によって福利が減少する人が存在するとすれば、夫婦同姓を我が国の「麗しき慣習」として残したいと感じている人々かもしれない。しかし、別姓制度を導入しても伝統が廃れるとは限らない。多くの人が麗しき慣習と考えるなら、今後も存続する可能性が高い。人々が残したいと考える伝統的文化が今後どうなるかは、最終的には社会のダイナミズムがもたらす帰結に委ねられるべきだ。

三浦判事

時代の推移とともに、婚姻と家族をめぐる状況は大きく変化してきた。晩婚化・非婚化が進んだ上、離婚と再婚も増加し、夫婦と子どものみの世帯の割合が大きく減少し、多様化してきた。日本国民と外国人の婚姻も増え、その間の子も生まれている。婚姻と家族に関する法制度は、長い年月を経て、多様化する現実社会から離れ、例外を許さない合理的な根拠を説明することが難しくなっているといわざるを得ない。（略）

長年にわたり、夫婦になろうとする者の間の協議の結果、夫の姓を選択する夫婦が圧倒的多数を占めており、現実に多くの女性が婚姻の際に姓を改めることによる不利益を受けている。（略）女性の就業率の上昇とともに、いわゆる共働きの世帯が著しく増加しただけでなく、様々な分野で継続的に社会とかかわる活動をする女性も大きく増加し、婚姻前の姓を維持する利益の重要性は一層切実なものとなっている。

いかがでしょうか。個人的に、草野判事の「麗しき慣習」といった表現はすばらしいと思いました。

そして全国紙5紙のうち、今回の判決に異を唱える3紙の社説の一部抜粋もご覧ください。

日本経済新聞

国の法制審議会が選択的夫婦別姓を導入するよう答申したのは、1996年だ。だが自民党の一部の反対で長年、たなざらしにされてきた。旧姓の通称使用でカバーできる範囲は狭く、使い分けには限界がある。選択的夫婦別姓は、あくまで希望する人に新たな道をひらくものだ。同姓の希望者に強いる趣旨ではない。

家族のあり方も時代によって変わり、多様な生き方を尊重できる基盤づくりが欠かせない。自民党をはじめ各党は、もっと真剣に向き合って議論を加速してほしい。

朝日新聞

司法による救済を一日千秋の思いで待つ人たちにとって、承服できない決定だ。（略）審理した15裁判官のうち4人は、逆に違憲とする見解を明らかにした。働く女性が一層増えていること、旧姓使用が拡大しているのは現行法が抱える不合理さの表れであることなどを挙げ、別姓を認めないのは「不当な国家介入」「個人の尊厳をないがしろにしている」などと批判している。現実を的確にとらえ、はるかに説得力がある。（略）最高裁の再びの合憲判断でお墨付きを得たと安堵するのが誤りなのは、決定を丹念に読めばわかる。この問題に臨む姿勢が厳しく問われていることを、国会は自覚しなければならない。

毎日新聞

個人の生き方や家族のあり方が多様化している。そうした時代の変化に逆行する司法

判断だ。（略）
夫婦のどちらかが姓を変えなければならないのは、人権に関わる問題だ。にもかかわらず、最高裁は正面から憲法判断することを避けた。（略）
最高裁は今回も踏み込んだ判断をせず、「国会で論ぜられるべき事柄にほかならない」と再び対応を委ねてしまった。そうであれば、国会が動くほかない。公明党や野党の多くは選択的夫婦別姓の導入に賛成している。鍵を握るのは自民党だ。（略）
どの姓を名乗るのかは、個人の生き方に関わる問題である。議論を止めることは許されない。

ちなみに産経新聞、読売新聞はいずれも「妥当な判断」としています。とくに産経新聞は、「日本の伝統や文化に根差した家族制度の原則を崩す必要はなく、さらに働きやすい職場づくりなどに知恵を絞る方が現実的だ。国や社会の基盤である家族の意義に理解を深くしたい」と、まさに反対派の理論そのものでした。
マイナンバーカードやパスポートの旧姓併記をその根拠に挙げていますが、しかし、この制度が不完全なものであることはここまで述べたとおり。そもそも、そうした「知恵を絞る」必要があるのであれば、制度そのものを変えるほうが合理的なのは明白なのですが。

こうなった以上、あとは立法を頼るしかありません。僕たちの選挙が、モノをいうのです。

選択的夫婦別姓に賛成している議員に、清き一票を。

●夫婦別姓を知るためのインタビュー②
「姓なんて、たいした問題じゃない」
――ペーパー離婚を経て事実婚を選択した「家族の絆」

結婚10年目にしてペーパー離婚、そして事実婚を選択した、朝倉直樹さん（仮名）。ペーパー離婚とは、一度は婚姻届を出して法律婚をした夫婦が離婚届を提出、家族関係は継続しながらも法的な婚姻関係を解消する事実婚のための手続きだ。

2児の父親であり、企業経営者でもある朝倉さんは、どのような理由からペーパー離婚に踏み切ったのか。そして、その後の家族関係になにか変化はあったのか。朝倉さんの話には、姓や家族の捉え方、法律婚で夫婦同姓にしたものの不満やわだかまりを感じている方へのヒントが詰まっていた。

（インタビュー・構成：ポプラ新書編集部）

「面倒」だから、姓を戻した

朝倉直樹さんは現在、妻と2人の子どもと共に、都内の一軒家に暮らしている。一見すると「ふつうの家庭」だが、その表札には「朝倉」と「西田」の2つの姓が並ぶ。

朝倉さんと妻のアサコさんとは婚姻関係になく、事実婚を選択しているからだ。
そんな彼らだが、最初から事実婚を選択したわけではない。はじめは一般的な法律婚で籍を入れて暮らしていたものの、いまから8年前、結婚10年目の年に書類上の離婚、いわゆる「ペーパー離婚」に踏み切った。当時小学生だった2人の子どもは大学生と高校生になったが、家族関係は変わらず良好に続いている。

「じつは、法律婚をしている間は、僕が妻の姓を名乗っていたんです。理由は、妻が4人姉妹の末っ子で、お姉さん3人が先に結婚して姓を変えていたから。妻は自身の西田姓を残したいという希望があり、僕は朝倉姓にこだわりがなかったので、『西田』を僕たちの戸籍の姓に決めて婚姻届を提出したんです」

ペーパー離婚できたのは、長男が生まれたことで「西田姓を継ぐ」という当初の目的も達成できたからだと朝倉さんは語る。しかしなぜ、法的に離婚してまで事実婚を選択したのだろうか。

「仕事で、旧姓と妻の姓を使い分けることにストレスを感じたからです」

最初に違和感を感じたのは、業界の研修旅行で韓国に行ったときだ。航空券やホテルのチケットを配られるときに、パスポートと対応する戸籍名である「西田直樹さん」と呼ばれた。

「え、誰？　と周りがザワザワしたのを覚えています。よくある話かもしれませんが、当事者としては面倒くさいなと思いました」

もっとも不便を感じたのはやはり「社長業」だ。銀行に謄本を出すときからコピー機のリース契約まで、公的な書類や契約書にサインするときに通称と戸籍名とが違うことをいちいち説明しなければならなかった。

「毎回『いや、この西田っていうのは妻の姓で……』なんて言い訳がましく（笑）。そこまで大きな企業じゃないとはいえ、トップとして社会活動で使う名前と戸籍上の名前が違う、つまり2つの名前を使い分けるのはそれなりに負担でしたね」

とはいえ、起業したときは二人代表取締役制で、朝倉さんは社長ではなく平代表取締役。自分の名前をサインする機会はそこまで多くはなかったため、我慢できていたという。

「ところが、あるタイミングでパートナーが会社を退き、僕がひとり社長になることが決まったんです。今後は公的書類へのサインや外部とのやりとりがさらに増えるだろうと想像したとき、その面倒さに『無理だ』と(笑)。戸籍名も朝倉に戻したい、仕事もプライベートもひとつの名前に統一したいと考え、ペーパー離婚を妻に切り出したんです」

どの姓を選ぶかは、個人の自由

突然「ペーパー離婚したい」と言い出した朝倉さんに対して、妻・アサコさんの反応は芳しくなかった。

「最初は反対していました。僕が耐えられないほどの不利益を被ったわけではなく、言ってしまえば『面倒だから』という理由だったので、『なぜそこまでする必要があるの？』と納得できない様子でしたね。おそらく、家族全員が同じ姓という状態が気に入っていたか、家族とはそういうものだと思っていたのだと思いますが」

しかし意外にも、朝倉さんは説得らしい説得はしなかった。

「改姓したことで苦労するのは僕ですし、どの姓を選ぶかは個人の自由だと判断して。個人主義なのかもしれませんが、シンプルに『自分の問題だ』と考えました」

そんな夫の性質を深く理解していたのだろうか、アサコさんは不承不承、離婚届に判を押した。たとえペーパーでも「離婚」という言葉がつくと人生の転機につながるような大きなアクションに感じられるが、朝倉さんにとってはたいした問題ではなかったという。法律で規定された「家族」でいることに、あまり意味を感じなかった。

「愛情や家族関係といった、感情的かつプライベートなものを制度で裏付ける必要はないいんじゃないか、仕組みありきで考えなくていいだろう、と」

自分たちが「家族」だと思っていれば、それでいい――戸籍や姓にこだわらない潔さ、そして経営者らしい合理性で、朝倉さんは自分たちらしいストレスのない家族のかたちをつくりあげていった。

家族の絆と事実婚

選択的夫婦別姓の議論で必ず挙げられるのが、「家族の絆」という言葉だ。しかし朝倉さんは、この議論の展開に首をかしげる。

「断言しますが、姓と絆、関係ないです。うちはけっこう、仲がいいですよ(笑)。だいたい、我が家の家族の絆をなぜ他人が論じられるのだろうと思いませんか。家族は血縁のみで定められるものでもないし、家族より大切な他人がいる人も多い。婚姻という法制度に則ったかどうか、同じ姓かどうかで愛情の深さは測れないはずです」

朝倉さんはいま、「別姓か同姓か」ではなく、婚姻制度そのものに疑問を抱いているという。紙にサインすることにどれほどの意味があるのだろうか、というわけだ。しかし事実婚については、法的な契約を交わさないことで夫婦が別れやすくなるのではないかという意見も根強い。

「同居を解消したりチームを解散したりするのは、法律婚をしていても起こり得ることです。心がないのに無理につなぎ留めてもつらいだけですから、むしろ解散しやすいことをポジティブに捉えてもいいのではないでしょうか（笑）」

朝倉さんが心配なのは、自分が亡くなったときの相続だけだという。事実婚の場合、子どもは法定相続人になるが、妻は相続人にはならない。

「うちは幸い、妻と子どもの仲もいいので大丈夫でしょうが、わずかでも揉める可能性があることにはやや不安も残ります。近いうちに、遺言を書かなければいけませんね」

親子で姓が違っても子どもは気にしない

また、選択的夫婦別姓の議論では「絆」と同様に「子どもがかわいそう」だと反対する人も多いが、朝倉さん家族にとっては「ただ対外的に名乗っている姓が違うだけ」とのこと。子どもたちは親子で姓が違うことも、両親が事実婚であることも、気にする様子はないという。

「そもそも家の中で、親子が姓で呼び合うことってないですよね？　親の姓って、意識にも上らないみたいですよ」

子どもたちは、両親の姓が違うことは早々に理解してはいた。朝倉さんは学校の行事によく参加する父親で、そのときには「西田太郎（息子）の父の朝倉です」と挨拶をしていたという。

「妻には『連れ子に見える、周りを混乱させるからあの言い方はやめてほしい』と言われていました（笑）。でも子どもは全然気にしていませんでしたね。そもそも僕と妻は高校の同級生。友達と集まると、みんな僕のことは『朝倉』、妻のことは『西田』と呼びます。両親が別々の姓で呼ばれるのを見て育っているから、違和感を持たなかったのかもしれません。ある日、親が聞いたことのない姓になっちゃった、というわけではないですから」

姓にどれだけ重きを置くか

ペーパー離婚したことで、ふだん使う姓と戸籍名が一致。使い分けを考える手間がなくなり、朝倉さんのストレスはゼロになった。しかし、これを事実婚のメリットと言うのも少し違うと思う、と朝倉さんは淡々と語る。

「だって、状況がよくなったわけじゃない。『ふつうの状態』に戻っただけなんですよ」

朝倉さんは、姓の存在にも、姓のあり方にも、頓着がない。アイデンティティを感じているわけでも、家族の象徴だと考えているわけでもない。ただの名前の一部であり、シンプルに「面倒だから」夫婦別姓を選んだ。

「面倒が生じるということは不自由が増えるということですから、それに対しては明確に嫌だという気持ちがありました。でも、2019年からは免許証で旧姓と戸籍姓が並記できるようになりましたから、ちょっとした契約なら『西田って……』と言い訳する必要がないはず。いまだったらペーパー離婚しなかったかもしれませんね。もちろん、不自由さによりますが」

それくらい、姓はどうでもいいんですと笑った。

彼ら家族のLINEグループ名は「あさくら」と「にしだ」を合体させた「あさだ」だ。姓に拘泥《こうでい》せず、自分たちがこうありたいと思える家族でいる。生きたい人生を生きる。そんな朝倉さんの軽やかさもまた、姓のあり方のロールモデルになるだろう。

第3章　夫婦別姓をビジネスシーンから考える

ここまで、結婚時にうっかり妻の姓を名乗ることに決めてしまった僕が裁判を起こすに至った流れやその全貌、夫婦別姓に対する世論や政治の変化、そして姓や戸籍の基本や歴史についてお話ししてきました。「選択的」夫婦別姓制度を議論するうえで知っておきたい材料はある程度、揃ったかと思います。

そこで本章では「日本社会／日本経済と選択的夫婦別姓」についてさらに別の視点を得るため、対談の場を設けることにしました。第一線で活躍する記者・ジャーナリストとして、働く女性と社会の変化を見つめつづけ、自身も夫婦別姓を望んで事実婚を選択された浜田敬子さん。そして、日本を代表する経営者であり、今回「選択的夫婦別姓の早期実現を求めるビジネスリーダー有志の会」の共同代表を引き受けてくださった夏野剛さんです。

本書の趣旨を伝え、対談依頼をしたところ、多忙を極めるはずのおふたりともすぐに色よい返事をくださいました。「間違いなく、これからの日本に必要だからぜひ協力したい」と。ありがたいことです。

「強制的夫婦同姓制度」は、女性の社会進出の進んだ社会でどのようなひずみを生み出しているのか。

多様性が求められ、一人ひとりが個として活躍する社会で、どれだけ時代遅れな存在なのか。

日本のビジネスシーンの最前線で社会の変化を鋭く分析されてきたお二方と、過去を振り返り、現在抱えている問題を詳《つまび》らかにしながら、これから僕たちが目指すべき社会のかたちについて論じていきたいと思います。

夫婦別姓制度の導入こそが、成長が鈍化し、世界に遅れをとりつつある日本経済に風穴をあけるきっかけとなるかもしれません。

浜田敬子氏対談

「自分らしくあろう」とする人の足を引っ張らない
――働く女性と、これからの社会のあり方

何度か仕事でご一緒している、元「AERA」編集長でビジネスインサイダージャパンの統括編集長も務められた、ジャーナリストの浜田敬子さん。本書をつくる中で彼女も夫婦別姓を求めて事実婚を選択されたことを知り、とても驚きました。そして、ぜひともお話ししたいと申し出たのです。

浜田さんの1度目の結婚は、一般的な法律婚。元夫の姓を名乗り、仕事では旧姓を通称使用されていました。しかし2004年の2度目の結婚では、事実婚を選択。そのような決断に至った経緯や通称使用の限界、日々の不便さなど、「あるある」の連続で対談はとても盛り上がりました。

また、いまほど女性活躍が当たり前ではなかったころに新卒で朝日新聞社に入社し、

第一線で活躍され続けた浜田さんが見てきた「女性活躍」と空気の変化、現在15歳になるお子さんとの関係、そしてこれからの社会に望むことなど、示唆に富むお話ばかり。同じ未来を目指す者同士として、あらためて力の出る時間でした。

社会の少数派だった「事実婚」

青野　浜田さんは事実婚を選択されていらっしゃるんですね。これまで何度も取材の場でご一緒しているのに、存じ上げませんでした。

浜田　雑誌の連載などでは明かしていたのですが、仕事の場でプライベートの話をすることってなかなかありませんからね。

青野　そうですよね。今日は、「働く女性と選択的夫婦別姓」についてお話を伺いたいと思っているんです。僕の知らない、女性から見た時代の変化などもあるんじゃないかなと。まず、浜田さんは事実婚歴17年ということですが、当時はかなりの少数派だったのでは？

浜田　事実婚は統計を取れないので、正確な数字はわかりません。でも、区役所の窓口では何度も「事実婚……？」と首をかしげられたので、珍しかったのは間違いないでしょうね（笑）。
もっとも、その状況は２０１０年代になっても変わらなかったようで、私が事実婚であることを知ったある女性誌の編集長に「そんな結婚の形があるんだ！」と驚かれて。彼から事実婚という結婚形態のリアルについて書いてほしいと依頼され、それで連載を書くことになったんです。

青野　では、浜田さんの周りにもほとんどいらっしゃらなかった？

浜田　うちの子ども、ある大学の中にある保育園に通っていたんです。そこは研究者のお母さんも多く、自分の名前で働き続けたい――つまり姓を変えたくないという理由で事実婚を選択している方が何人かはいました。とはいえ、そんな特殊な環境ですら、数十ある家庭の中で3～4組。やっぱり、法律婚をしたうえでの通称使用が多かったですね。

選択的夫婦別姓問題はどう語られてきたのか

青野　浜田さんは１９８９年に朝日新聞に入社されています。当時の働く女性の結婚観は、いまと違うのではないでしょうか。

浜田　そうですね。まず、私が就職したころはまだ一般企業では「寿退社」という言葉がふつうに使われていて、出産後も退職せずに働き続ける女性は本当に稀有《けう》でした。ただ、朝日新聞は結婚しても働き続ける女性が多かったし、ほとんどが旧姓を通称使用していましたね。当時から事実婚を選択している先輩も少数ですがいて、比較的、いまの社会と意識は近かったように思います。そんな背景もあって、1999年に雑誌「AERA」に移ってからは、何度も働く女性にまつわる問題を取り上げてきました。その中のひとつが、選択的夫婦別姓問題。……でもね、まったく読まれなかったんですよ。

青野　へえ！　読者に興味を持たれなかった？

浜田　持たれない。これは働く女性にとって大切なテーマだと信じていたので、へこたれず定期的に特集したのですが、のれんに腕押しというか。あくまで「バリバリ働く一部の女性の問題」に過ぎず、マスには共感を得られませんでした。

青野　なるほど。

浜田　社会的な流れに触れると、1999年に男女共同参画社会基本法が施行され、一時的にジェンダー問題全体が盛り上がったんですよ。ただ、2000年代はそのバックラッシュがすごくて、むしろ後退したところもありました。

青野　保守層からの反発が大きくなった？

浜田　すごかったですよ。そこからしばらくジェンダー問題アレルギーともいえる雰囲気が蔓延していて、2012年に第二次安倍政権が発足。なおさら保守思想が広まっていき、選択的夫婦別姓の議論も硬直化してしまいます。でも、この直前の1990年代から2010年代は、働く女性がどんどん増えていった時期です。それなのに夫婦別姓制度のないまま時間だけが過ぎて、多くの既婚女性は旧姓と戸籍名の2つの名前を、時と場合によって使い分ける負担を強いられてきた。それがスタンダードで、じつは私自身、そういう社会に慣れきっていたんですよね。

青野　はー、ジェンダー特集を組んで、事実婚を選ばれていた浜田さんですら、「そんなもんだ」と。

浜田　ええ。そんなときなんです、青野さんが選択的夫婦別姓の裁判を起こし、問題提起してくださったのは。ハッとしました。そうだ、この制度はおかしいと声を上げていいんだと。旧姓の通称使用を拡大するなら夫婦別姓を認めたほうがあらゆる不都合が解消されるじゃないかと、目が覚めたんですね。男性で、かつ経済界の人間でも

女性の就業率の推移

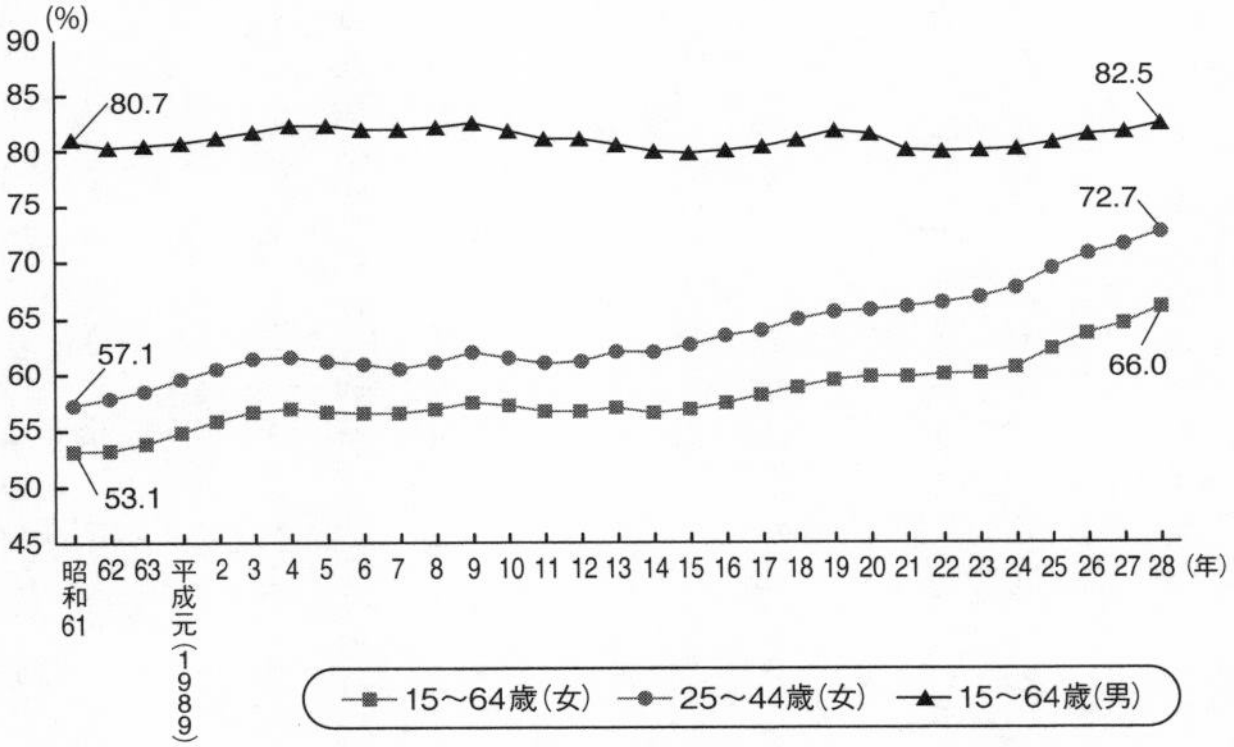

(出典:「男女共同参画白書 平成29年版」Ⅰ-特-1図 就業率の推移)

ある青野さんの存在は、とても心強かったです。

青野　２０１５年の別姓裁判の敗訴をニュースで見て、何かせずにはいられなくなったんです。調べる中で、別姓問題が「ジェンダー問題」として扱われることで、社会の中枢にいるおじさんたちにスルーされている現実が見えてきた。問題の本質は「改姓を強いられる人がいること」であって、それは性別の問題ではありません。「女性が96パーセント改姓しているのを50パーセントにすればフェアだろう」という理屈ではない。

浜田　おっしゃるとおりです。

青野　だから「改姓したい人はする、したくない人はしない」仕組みについて、合理的に議論したかった。ムダなお金がかかってるよね、システム的にもややこしいことしてるよねと、意識的に「理」を打ち出していきました。

浜田　その結果、メディアでも大きく取り上げられるようになり、世論まで変わりつつありますからね。本当にありがたいことだと思います。

　青野さんがおっしゃるとおり、いま議論されているのは「選択」できる制度なんですよね。姓を変えることへの気持ちは人によって違います。通称使用についても、それでは困りごとが解消されない人もいるし、問題ないと感じる人もいる。でも、平気な人を指して「あの人はいいって言ってるんだからお前も我慢できるだろう」と抑え込むのはおかしいことです。困っている人をフォローするのが政治の役割なのですから。

もちろん私の周りにも、「旦那さんと同じ名字になるのが夢でした」と喜ぶ女性もいます。それはそれでいい。でも、少なくない女性に無意識の諦めがあると感じるんです。「結婚したら女性は夫の姓になるのがふつうだ」、あるいは「これくらい我慢しなくちゃいけない」と受け入れている。かつての私と同じですね。

青野　この国の「一律」であることを重んじる性質が表れていますよね。みんなが我慢しているところを乱したり抜け駆けするのを許さない文化の中で残ってきたのが、「強制的夫婦同姓制度」なのでしょう。

旧姓で生きる不便さ、働く不自由さ

青野　ところで、なぜ浜田さんは事実婚を選択されたんですか？

浜田　1度目の結婚は法律婚でした。そのときはとくに意識もせず、周りと同じように戸籍名を夫の姓に変え、旧姓で働いていたのですが……2つの名前を使い分けるストレスが積み重なっていきましたね。会社の中で、通常業務は浜田でも社会保険などの名義は戸籍名なのも気持ちが悪いし、レストランを予約して、いざお店に着いたらどっちの名前で取ったか忘れてしまって「浜田か○○で予約しています」と言うこともザラで（笑）。

青野 僕も出張でホテルに泊まるとき、その言い回しはよく使いますね（笑）。海外だとパスポート名と予約名が違うと面倒くさいトラブルが起こるので気をつけますが、国内だとなんとかなるので「青野か西端のどっちかで予約が入ってると思います」って。でもこれ、ホテルの人にとっても仕事が増えるわけで、ムダなコストのひとつですよね。

浜田 そうですね。なにより私が旧姓使用の限界を噛みしめたのが2001年、9・11のアメリカ同時多発テロの取材でした。当時、「AERA」で記者をしていた私も取材でニューヨークに飛んだのですが、こういうときは宿泊するホテルや入館に必要なIDを会社が手配してくれるんです。それでニューヨーク・タイムズ本社ビルの中にある朝日新聞の支局にいざ入ろうとしたら、入り口で足止めを食らっちゃって。「I

Dが発行されていない」と、入れてもらえないわけです。

どういうことかというと、会社が戸籍名ではなく「浜田」でIDを申請していたんですね。でも、その名前はパスポート名と違うから、同一人物と認識されない。「旧姓ってなんて言うんだっけ……⁉」と半ばパニックになりながら、拙い英語で必死に「ハマダはヒラリー・ロダム・クリントンのロダムと同じだ」と説明して（笑）。でも、現地はテロが起きた有事のさなかですから、頑として入れてもらえないわけです。最終的には支局に電話をして入り口まで迎えにきてもらったのですが、こんな修羅場で仲間の手を煩わせたことが心底ストレスでした。

青野　現在はパスポートも旧姓併記できるようになりましたが、それも国や相手によっては伝わりませんからね。姓が2つあることの不便が解消されたとは言えません。

浜田　あれが明確に選択的夫婦別姓を心から望んだ瞬間だったと思います。それで2度目の結婚時には、事実婚を選んだわけです。

青野　もうあんな思いはしたくない、仕事もプライベートも同じ名前がいいと痛感されたんですね。

浜田　ええ。取材していても、「名前が2つあること」の煩わしさに苦しむ女性はこんなにも多いのかと感じます。たとえば2014年に野村信託銀行の執行役社長に就任した鳥海智絵さん。彼女の元同級生が私の朝日の先輩で。社長就任のニュースを見てものすごく驚いていたんです。どうやら、それまでずっと旧姓で働いていたのに、執行役社長になるにあたって名前が夫の姓に変わっていると。つまり社長になるときには、法律婚をしていれば「戸籍名」にしなければならないこともあるんだと、私も衝撃でした。女が社長になるってそういうことなの？って。

青野　それはすごい！　旧姓使用の限界があったわけですね。登記は戸籍名じゃないといけないから。

浜田　また、ポーラ初の女性社長、及川美紀さんも旧姓で働いてきて、社長になるにあたって姓を変えるか悩んだそうです。結局、及川のままで行くと決めたのですが、名刺に小さく「戸籍名　〇〇」と入れています。考え抜いた結論だと思いますが、そもそもそんなことに頭を使うのも時間のムダでしょう。

青野　まさに、何の役にも立たない時間ですね。僕も、とくに最初のころは株主総会で「私は西端でもあるんです」とアピールする必要があったのでよくわかります。

浜田　説明コストがかかるんですよね。政治家だって、通称で当選して戸籍名で署名するわけでしょう。その行為に疑問を持たないのかと問いたいですね。

「姓の違う親子」のリアル

青野　夫婦別姓反対派からは、子どもの姓が不安定になることを危惧する声もよく聞かれます。実際に「不安定」になることはないわけですが（198ページ参照）、浜田さんのご家庭ではどのような選択をされているんでしょうか？

浜田　子どもは夫の姓を名乗っています。事実婚の場合、法的には産んだ女性の戸籍に入るのですが、家庭裁判所で「子の氏の変更」の手続きをして夫の名字にしました。だから私は子どもと姓が違っていて、それによる不便はたしかにありましたね。

青野　たとえば、どういった困りごとがありましたか？

浜田　ぱっと思い出すのがＰＴＡです。名簿に私（親）の名前のみを書くとき、「誰？」となる。別の浜田さんと混同され、本来行くべきではない日に学校に出向く、なんて地味なハプニングもありました（笑）。私は「夫の姓＋自分の名前」を書くのに抵抗があるので、それ以降は「浜田（○○）」とカッコ書きで夫の姓を記すことでトラブルを回避するようにしたのですが。

青野　なるほど。お子さんは「お母さんと姓が違う」ことをどう捉えていますか？

浜田　それが、いま15歳なんですけど、母親の姓が自分と違うことなんてまったく気にしていなさそうです。聞かれたこともないし、そういうものだと受け入れている感じですね。ただ、2021年春に最高裁が夫婦同姓を合憲と下したとき、これはいい機会だと思って「お父さんとお母さんはそれぞれ自分の名前でいたかったけど、いまの日本には夫婦別姓制度がないから事実婚という形を選択したんだよ」と話したんですよ。そうしたら……。

青野　どんな反応でした？

浜田　「ふーん」って（笑）。

青野　ははは、そんなに興味がない（笑）。子どもにとって、たいした話ではないんでしょうね。

浜田　ちょっと拍子抜けしながら、「お母さんと名字が違うことについて友だちからなにか言われたことある？」って聞いたら、「友だちの親の名前とか気にしなくない？」って返されて。まあ、そうだよねって。

青野　リアルな声ですね。いまはＰＴＡの名簿も「親子で姓が同じ」という前提があるから姓の欄が親子で統一された仕様になっていますが、夫婦別姓、ひいては親子別姓の家族が増えていけば、だんだんアップデートされていくでしょう。子どもと親の「絆」に姓は関係ないことも明白です。子どもは、夫婦別姓を認めない理由にはならないんですよね。

多様性のある社会をつくるには？

青野　ここ数年、一気に夫婦別姓賛成派が増えてきました。明らかに世論が動いている。その理由を、浜田さんはどうお考えでしょうか。

浜田　働く女性が増えてきたことはもちろんのこと、「反対する理由がない」に尽きると思います。夫婦別姓だけでなくＬＧＢＴや同性婚に関する変化はすべて、「自分はこうありたい」と願う人が、ありのままの自分でいることを許容される空気になってきただけ。でもそれって、当たり前の人権ですよね。

いま、こうした変化に対して、反対派は強い危機感を持っています。２０２０年、安倍首相が退任したことで、保守の〝重鎮〟の影響力が薄まると心配されました。２０２１年夏の都議選では、自民党以外の候補者は選択的夫婦別姓について賛成か反対かの立場を明確にしていたのに対し、自民党の候補者のほとんどは「回答なし」。反対だけど選挙で不利になるから書かないのか、賛成だけど支持団体との軋轢《あつれき》を生みたくないのかのどちらかでしょうが、有権者からも支持団体からも見放されたくない自民党の焦りが見える回答でした。

青野　都議選でいうと、自民党で「賛成」と明確に示したのはたった3人で、全員が当選していました。これが世論でしょう。

浜田　個々人それぞれの価値観が尊重されることは、若い人からしたらふつうのこと。そんなことも認めない国なんてあり得ないし、家族のあり方を国が規定して強制するなんてダサい、という意見もよく耳にします。

青野　僕にとって、選択的夫婦別姓問題は働き方改革と同じなんです。「誰かになにかを強制するのをやめませんか」。これだけです。勤務時間や職務内容、転勤、仕事上で使う名前。強制を減らして多様性を認める方向に振り切ったほうがみんなハッピーだし、モチベーションも上がるし、自分らしくいられるから生産性も上がるはずなんです。

浜田　とてもよくわかります。楽しんでいる人や自分とは違う選択肢を取る人、自分らしくあろうとする人の足を引っ張る空気がなくなるといいですよね。

青野　ではどうすれば多様性のある社会を実現できるかというと、「自分と違う考え方の人を攻撃しない」ことこそが大切だと僕は考えています。わかりあえないことがあったり違和感を持ったり、「怖い」と思うのは仕方ない。でも、そこで攻撃しちゃいけない。それが多様な人が共存するための規範でしょう。

浜田　自分が置いてけぼりにされることへの恐怖心が、攻撃的な態度に表れるのでしょう。でもね、私は社会はこのまま変わる方向に進むと信じているんですよ。どんなに国が強制したり邪魔したりしても、多様性を認める流れは止まらない。「好きなように生きたい」というのは人間の持つ自然な欲求ですし、多様性を封じ込めようとする動きに対してはっきりと「ノー」が言える時代になってきていますから。

青野　そうした一人ひとりの声が、社会を動かすんですよね。

浜田　実際、青野さんが声を上げてくださったこともひとつのきっかけとなって、長らく停滞していた夫婦別姓の議論が動き出しました。こうして議論が起こっているときこそ、みんなが意思を示すことが大切です。もし「自分はこう思う」と表明するハードルが高いなら、前で戦っている人を孤立させないためのアクションを起こしてほしい。「応援しています」と伝えることは、勇気がなくてもできるはずですから。

青野　僕も「青野さんの活動を応援したいんですけどどうすればいいですか」ってよく言われるんですよ。そのときは、とりあえず僕のツイートをＲＴ（リツイート）してくださいって返すんです。それだけで本当に救われるし、勇気が出るからって。それから、名前を変えずに結婚したいと思っている方は、ぜひパートナーにその思いを伝えてほしいですね。私の場合、妻のその一言で目が覚めましたから（笑）。

浜田　そうですね。活動する、声を上げる、応援する。そしてやはり選挙で投票する。候補者の価値観、考え方をきちんと聞いて理解して、自分が望む社会に少しでも近づけるように、政治家を選んでいくことが大切だと思います。

夏野剛氏対談

経営者の仕事は、多様性を担保すること
夫婦別姓の実現が社会にもたらすものとは

株式会社ＫＡＤＯＫＡＷＡの代表取締役社長、夏野剛さん。ｉモードを立ち上げたメンバーとして世界的にも知られる夏野さんは、ビジネスパーソンとして秀でているだけでなく、社会の動きにも敏感で先見の明のある方です。選択的夫婦別姓はもちろん、副業やリモートワークといった働き方改革についてもいち早く提言。いまでこそ副業も当たり前になってきましたが、５年前、ドワンゴの取締役だった夏野さんの「副業禁止を禁止しよう」という発言には、大きなインパクトがあったことを覚えています。初期のサイボウズがｉモードにお世話になったご縁もあり、ずっと尊敬している経営者のひとりです。

今回、「選択的夫婦別姓の早期実現を求めるビジネスリーダー有志の会」の共同代

表を引き受けていただいたつながりで、「経済界と夫婦別姓」をテーマにした対談が実現。「現行の法律は、女性にハンディキャップを背負わせている」「経営トップの仕事は、多様性のある社員が気持ちよく働けるように環境を整えること」といった、経済界を牽引する夏野さんの視座の高いコメントに襟を正す思いでした。同時に、同じゴールを目指す者同士としての心強さを噛みしめた対談となりました。

女性のキャリアを阻む強制的夫婦同姓

青野 直接のお付き合いはここ4年ほどですが、夏野さんはずっと尊敬している経営者です。2001年、まだまだ生まれたてのベンチャーだった僕たちが、グループウェア「サイボウズ Office」をiモード対応にして……。

夏野 もちろん覚えていますよ。サイボウズがいち早くiモードを使ってくれたことは。

青野 えぇっ、本当ですか！　もう今日はそれで胸いっぱいですが（笑）、早速、本題に入りたいと思います。夏野さんは今回、「選択的夫婦別姓の早期実現を求めるビジネスリーダー有志の会」で共同代表を務めてくださいました。その理由から伺ってもよろしいですか？

夏野　選択的夫婦別姓は絶対に進めるべきだし、誰かがやるべきだから、ですね。夫婦別姓は、いまの経済界に必要不可欠。それは多くの経営者が感じていることだと思いますよ。

青野　実際、経営者の署名を集めながら「こんなに賛成してもらえるんだ」と驚きました。社名と名前が出ますから、それを嫌がる人も多いだろうと思っていたんですが。夏野さんのお名前をお借りできたことも大きいとはいえ、いままで一度も断られていないんですよ。積極的に声を上げはしなかったけれど、心の中ではみんな賛成だったんだなと。

夏野　経営者はロジカルに考えますからね。どちらのほうが社会、あるいは会社にとってメリットがあるのか考えたら、反対する理由がない。

まず、結婚で姓を変えるのはほとんどが女性で、いまは旧姓を通称使用している方が多い状況です。これによる総務や経理の姓の二重管理、海外出張でのパスポート名義と通称のねじれなど、生じるコストはバカにできません。これだけ夫婦共働きが当たり前になり、さらに晩婚化が進んでいる社会で、通称使用でしのぐのは非合理的でしょう。いま、女性の平均初婚年齢は約30歳。10年近く自分の名前でキャリアを積んできた女性たちの本名が変わってしまうのは、大変なことですよ。

青野　おっしゃるとおりですね。

夏野　なにより、キャリアモデルが変わってきたいま、明らかに夫婦同姓は女性にハンディキャップを背負わせる制度になっています。なぜか。ひとつの会社で一生を終える時代は終わりつつあるからです。ひとつの会社で出世すれば安泰とも言えなくなりましたし、個人のキャリアの長さがおよそ40年、会社の寿命は30年と言われています。こうして会社を渡り歩くことが当たり前になると、過去の実績や自身のブランディングが、キャリア形成のうえで大切になってくるわけです。

青野　過去の蓄積がモノをいう中で、途中で姓が変わることが不利になってしまうんですね。

夏野　そうです。いまの時代、仕事で初対面の人と会うときはその人の名前をインターネットで検索したりするでしょう。転職も当たり前にする。ジョブチェンジもある。海外で働くこともあるかもしれない。そんな社会で、名前が変わることのハンディキャップを女性に押しつけるような制度はいち早く改善したほうがいい、というのが

働く女性はどう考えているか

仕事をする上で主に使っている、あるいは使いたいのは旧姓ですか？新姓ですか？

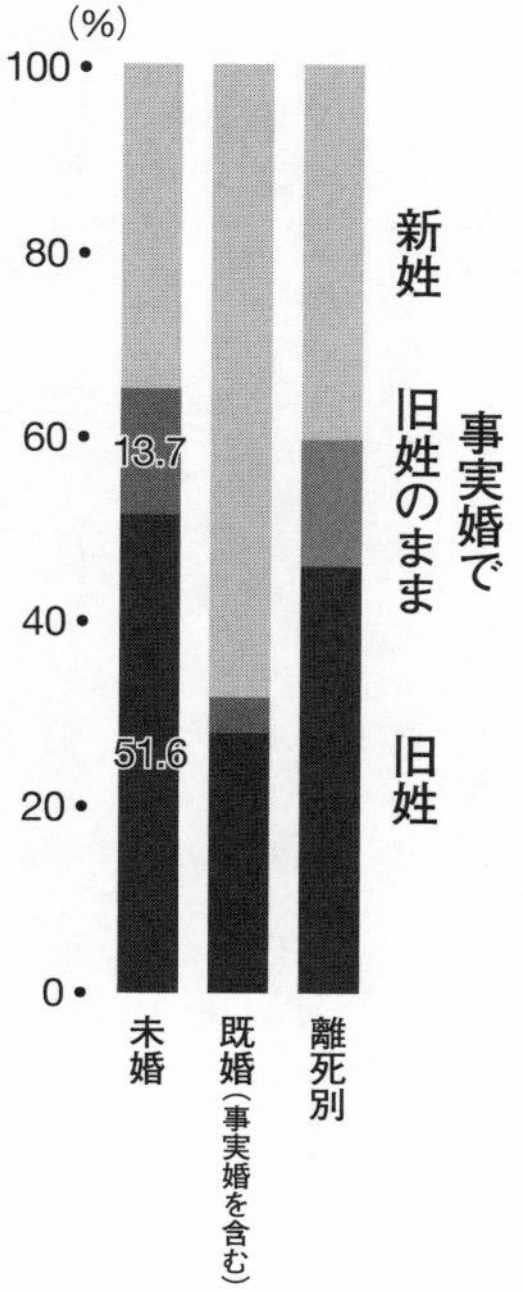

選択的夫婦別姓制度についてどう思いますか？

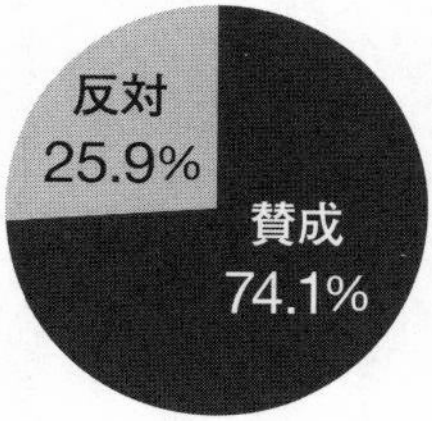

不便に感じたり困ったりした経験はどんなことですか？

（上位5つ）

2つの名前を使うのが面倒	28.6%
新姓への変更手続きが煩雑だった	28.0%
職場で新姓を使う書類や機会もあり、自分のことと認識されない	25.7%
仕事関係者に姓が変わったことを説明しなければならなかった	20.6%
判子が2つ必要	17.7%

正社員・正職員（役員含む）として働く20代〜50代の女性を対象に、2019年11月から12月にかけて調査会社マイボイスコム（東京・千代田）を通じてインターネット上で実施。各年代500人ずつ、計2000人から回答を得た。（出典：日本経済新聞電子版2020年3月2日「働く女性の74%、選択制夫婦別姓に賛成 日経調査」）

僕の意見ですね。

青野　よく別姓反対派の人が「松任谷由実は荒井から姓を変えたけれど活躍している」と言うのですが、いやいや、ほかの歌手は変えてないやんけと（笑）。それは、自分のキャリアに不利に働くことがよくわかっているからでしょう。ＣＤショップに行って、あの曲は結婚前だっけ、後だっけと探す手間は、想像するだけでうんざりしますからね。離婚してまた荒井に戻したら、大混乱ですよ。

夏野　いま青野さんがおっしゃった離婚の問題も重要です。夫婦の3分の1が離婚する時代、結婚したり離婚したりするたびに姓を変えるコストやリスクは、キャリアにとっても大きいのは間違いない。もちろん、全員が夫婦別姓にしろ、なんて言いません。ただ、少なくとも夫婦別姓を希望する人が選択肢を持つことは、女性がより活躍するためにも欠かせないんです。……とずっと考えていたのですが、青野さんの発信によって「男性にとっても必要なんだ」とあらためて気づくことができました（笑）。これは女性だけの問題じゃないんだなと。

青野　姓を変えるハンディは、男女問わず発生しますからね。やはり、制度自体を変えていくしかないと思います。

日本社会はどう変わるか

夏野　新型コロナウイルス感染症が猛威を振るって以降、「なんとなく続いてきたけれど時代に合っていない仕組みやルール」が浮き彫りになってきました。僕はこの2年ほど内閣府の規制改革推進会議の委員を務めていますが（編集部注：2021年8月からは議長に就任）、この期間で非常に大きな変化があったと感じています。たとえば、印鑑。コロナ前はみんな、完全に思考停止して判を押していたじゃないですか。でも、「リモートワークなのに印鑑をもらうためだけに出社しなきゃいけない」という事態になって、「本当に必要か？」と目が覚めた。脱ハンコが一気に進みました。

青野　ようやく、脱ファックスの流れにもなってきましたしね。

夏野　ええ。ほかには、診療や教育のオンライン化も進んできました。日本全体で、危機に対応して古い慣習を変えていこうという動きが高まったんです。その流れのひとつとして、夫婦別姓について規制改革推進会議でも取り上げるべきではないか、政治に働きかけるべきではないかと議論が始まっています。僕は、夫婦別姓については裁判で争って違憲判決を勝ち取るよりも、立法府が動いたほうが早いと思っているんですよ。もちろん司法から攻めるのもひとつの手ではあるけれど、青野さんの裁判を見ていても棄却の理由が不明瞭すぎますから。

青野　夫婦別姓は、これまで政治が重要視してこなかったテーマなんですよね。忘れもしない２０１９年、参議院選挙の党首討論で夏野さんが司会をされていて、僕はたまたまそれをニコ生で観ていたんです。すると、立憲民主党の枝野幸男党首が選択的夫婦別姓について言及した際、安倍総理（当時）は「みんなが活躍できる社会をつくっていく」と曖昧なことを言って逃げようとした。そのとき夏野さんがすかさず、「その返答は、『選択的夫婦別姓制度はいらない』ということでいいか」と突っ込まれたんです。安倍総理はそれに対して、はっきりと「夫婦別姓は経済成長とはかかわりがない」と答えました。

僕は、さすが夏野さんと思いながら観ていたのですが、これ、働く女性にとっては「本気？」ですよね。「どんだけ働きにくいと思ってんねん！」と盛り上がり、それでまた世論が動いたなと感じたんですよ。

夏野　ありましたね。あれから2年経ったのですから、政治家のみなさんには、もうほっといていい問題ではないと気づいてほしいのですが。なにより日本はいま、厳しい労働力不足に陥っています。人口減少以上のスピードで労働人口が減っている。これまでは外国人労働者に頼っていたけれど、コロナ禍でそれもむずかしくなっているでしょう。ますます労働市場が逼迫している一方で、日本の場合、女性の就業率はそこまで高くないわけです。女性が働きやすい社会をつくるためには、夫婦別姓制度が欠かせないはず。日本の行く末を真剣に考える、心ある政治家にきちんと動いてもらいたいですね。

青野　そうですね。有権者の方には誰が反対しているのか、誰が推進しているのか、よく見てほしいと思います。コロナ禍で古い慣習があぶり出されたところで、できれば政治家も古い考えの人をあぶり出して追い出せればなと。若い政治家はほとんどが賛成なので、そこの入れ替えができれば社会は変わるでしょうから。

経営者がすべきもっとも大事な仕事

青野　これはちょっとおもしろい話なんですが、私がこうやってメディアで再三「選択的夫婦別姓を」と主張しているもんだから、「サイボウズでは夫婦同姓婚を認めないんでしょう?」と言われたことがあるんですよ。

夏野　ははは、逆に「強制的夫婦別姓なんだろう」と。

青野　もちろん、そんなことはありません、自分が望むように選べることが大事なんですとお伝えしました（笑）。いま、サイボウズ社内ではある程度それができていると思っています。まだまだ完璧ではありませんが。名前に関して言うと、グループウェア上では自分の決めた名前で働くこともできますし。

夏野　ドワンゴも多いですよ。ハンドルネームで呼ばれていて、「本名何だっけ？」って人。とくにエンジニアで多いですね。モフモフさんとか。

青野　やっぱり！　多様性って、そういうことだと思います。どうありたいか、どう呼ばれたいか、どう見られたいかを自分で選べる状態にある。

夏野　多様性を担保する仕組みを整えるのも経営者の仕事なんですよね。それは、優秀な人を確保することにもつながりますから。

青野　よくわかります。優秀な社員に気持ちよく働いてもらわないと、辞められてしまいますからね（笑）。

夏野　それは経営者がいちばん恐れていることですよね。ご存じのとおり、経営者ってひとりではなんにもできない人間なんですよ。社員のみなさんに実力どおり働いてもらって、業績を上げていくしかない。その障害となるものを取り払うことが、僕たちのもっとも大切な仕事です。だから、さまざまな制度や仕組みを導入していくわけで。

青野　多様性を担保する仕組みでいうと、同性パートナー制度もそのひとつですね。一般的な福利厚生として、社員が結婚したら会社からお祝い金を出します。「じゃあ、男性同士が結婚したら出ないんですか？」と言われたときに、すぐに制度を整えないと、性的マイノリティに関心の高い社員は離れていってしまうわけです。

夏野　副業やリモートワークもそうです。ドワンゴはリモートワーク率が90パーセントを超えていますが、働きやすい、通勤にあてていた2時間を有意義に使えると社員たちも喜んでいる。クオリティ・オブ・ライフ（ＱＯＬ）は間違いなく上がっているわけで、これはその会社で働くモチベーションのひとつになるはずです。逆にいえば、それができない会社、つまりＱＯＬが下がってしまう会社からは人が流出してしまうでしょう。とはいえ、経営者の力ではどうしようもないこともあって、それが夫婦同姓のような法制度です。

青野　いまは、法律の穴埋めを会社が一生懸命やっている状態とも言えますよね。通称使用も同性パートナー制度も、国が動かないから会社が現実や実態に合わせたルールをつくり、カバーしている。でも、限界はあります。

夏野　間違いなく、法制度を変えるところがこの問題のゴールですね。だからこそ、規制改革推進会議で政府に働きかけなければならないと考えているわけですが。これも僕にとっては、経営者の仕事のひとつなんですよ。みんなが働きやすい環境をつくる。社会をもっと動きやすい環境にする。とても大事な仕事だと認識しています。

「夫婦別姓反対派」に伝えたいこと

夏野　僕が「反対派」の人たちに考えていただきたいのは、「自分が困っていないからといって、困っている人の声を否定するのはどうなんだろう」ということです。なぜ、実際に夫婦別姓制度がないことで困っている方の訴えを退けようとするのか。あくまで「選択的」であって、それを望まない自分にはまったく影響がないのですから、少しだけ冷静になってほしいです。「自分が選ばないことを他人がやるのは嫌だ」というスタンスは、この多様性の時代にマッチするものではありませんから。

青野　以前、ラジオ番組に呼ばれて夫婦別姓について話したんですが、最後にリクエストを1曲って言われて。そこであえて、さだまさしさんの『関白宣言』をリクエストしたんです。「お前は俺の処へ家を捨てて来るのだから」って歌詞の曲じゃないですか。要は「嫁」で、「俺の名字になるお前」ってことですよね。結婚するから「家を捨てる」という考えはさすがに古いと思うものの、僕、相手の名字になること自体については否定しないでほしいって言ったんです。同姓のかたちで満足している夫婦は、それはそれでいい。でも、別姓を希望する夫婦もいて、それもそれでいい。このとき、「いまでのほうが正しい」とか、「夫婦同姓という考えは古い」なんて言う人がいると、摩擦が生じてしまいます。どっちもいいじゃんって考え方を大事にしたいですね。

夏野　ああ、もしかしたら、反対される方の中には、自分が夫婦同姓であることを否定されているように感じている方がいらっしゃるのかもしれないですね。そんなことは全然ないのに。選択的ってことは、「どの選択も否定はしない」ということです。

青野　選択的夫婦別姓制度の実現は、ほぼ確実だと僕は思っています。その中で、いま夏野さんがおっしゃったところもしっかり伝えていかなきゃいけないですね。

夏野　ええ。青野さん、大変な戦いの最前線にいらっしゃって本当に尊敬しています。お互いがんばりましょう。

コラム●作花弁護士による法律解説

なぜ日本ではなかなか夫婦別姓が進まないのか？

第1章で青野さんが、なぜ選択的夫婦別姓の議論が進まないか調べた結果、「政争の具にされがち」「ジェンダー問題になりがち」といった問題に行き当たったとお話しされていました。もちろんそうした要素もあるのですが、もう2つ、理由があると私は考えています。

まず、選択的夫婦別姓にもいわゆる「流派」があり、議論が混乱しがちということ。実現のハードルが高い順に、

A　戸籍制度自体を解体したい
B　結婚時、民法上の氏も変えたくない
C　結婚時、戸籍法上の氏を変えずに済めばよい
D　通称使用を拡大できればよい

といった思想があり、議論が嚙み合わないケースが多々見受けられます。たとえば、戸籍制度を壊すつもりのないB～Dの人たちに対し、「日本の伝統的な家

族のあり方を解体するなんてけしからん！」と反対されても困ってしまうわけです。こちらが壊せと言っていないものを、守ろうと言われているのですから。ＳＮＳではこのような議論がよく交わされていますね。

そしてもうひとつが、「お国柄」。

世界的に見て、日本は法改正が非常にスローな国です。なぜかというと、もともと法律が「外来」のものだからではないかと考えられます。

じつは私、香川県のネット・ゲーム依存対策条例の訴訟も担当しているので、この件について取材を受けることも多いのですが、日本のメディアの方はみなさん「ゲームをやると本当に病気になるんですか？」「１日のプレイ時間が10時間を超えると、やはりまずいのでは？」といった質問ばかりされます。

しかし、アメリカやドイツのマスコミから取材されると、彼らの着眼点はそこではないのです。彼らはひとりの高校生が民主主義を守ろうとしているところに注目している。人間の持つ権利について質問してきます。正直、「ゲーム脳」なんてどうでもいいわけですね。

アメリカは、独立戦争でイギリスから自治の権利を勝ち取った国です。ルドルフ・フォン・イェーリングの『権利のための闘争』という本にあるとおり、人権はじめ、法律上、保障されているあらゆる権利は市民が命を懸けて獲得したものなのです。

一方の日本は長く続いた江戸時代が終わり、明治になったとき、慌てて外国を回って「どうやらドイツの法律がよさそうだ、ここをマネしよう」と決めた。そしてひたすら翻訳し、法律というシステムを、権利という概念を「輸入」したわけです。

このように、日本人にとって法律とは外来のもの。自分たちで獲得したものではなく「元祖」があるものだから、多少の不都合があっても気軽に変えてはいけないのだろう、という逡巡が意識下にあるのではないかと私は踏んでいます。

ちなみに、裁判における違憲判決も、戦後70年以上経っているにもかかわらず、まだ10件しか出ていません。やはり、一度決まったルールはおいそれと変えてはならないもの、よほどのことがないかぎり壊してはいけないものだと社会全体が捉えているのではないでしょうか。

とはいえ、いまは明らかに法律が社会の変化に追いついていない状態です。法律をつくる人たちの認識より、現実の社会を生きる人たちのライフスタイルの変化がずっと早いとも言えます。これは同性婚も、女性の再婚禁止期間も、離婚後の親権問題だって、すべて同じですね。

古くなっている部分は直していかなければなりませんし、そもそも法律がすべて正しいわけではないのです。誰かの権利を阻害する法律は、私たちの手で変えていきましょう。

第4章

よくある疑問や反論にこたえる

自分が取らない選択肢を用意しよう

人にはそれぞれ、考えがあります。望むものがあります。意思があります。みんな自分の中の正義があり、主張があるわけです。それがぶつかると議論になり、ときに叩き合いになってしまう。夫婦別姓もそのひとつでしょう。

では、たくさんの人が集まる場において、僕たちはどのようにルールを決め、ひとりでも多くの人の幸せを目指していけばいいのでしょうか。

サイボウズで「100人100通りの働き方」を実現しようと考えたとき、僕は社員のみんなに「とにかく遠慮せずに、なんでも言ってほしい」と伝えました。困りごとがあったらぜひ教えてほしい、もちろん怒ったりしない、できることから取り組んでいくからと。

そんなふうに言うとある社員が、じゃあ言いますけど、というふうに「僕は残業したくありません。プライベートが大事なんですよ」と言ってきたのです。正直、はじめは「おいおい、ゴリゴリのITベンチャーに入社しておいて残業はしたくないなんてどういうことや！」と思いました。

でも、すぐに気持ちを切り替えました。だって、「僕がどう思うか」は問題ではないのですから。

自分は理解できなくても、目の前の人が求めていることがあって、それを実現すればもっと幸せになると言っている。そうであれば、選択肢を用意するほかに経営者のできることはありません。

副業も、長期の育休もそうです。コロナ禍に入る10年前からサイボウズが実現していた、在宅勤務だってそう。社員の困りごとを聞き、解決を目指してひとつずつ対処した結果、ひとつずつ新しい制度ができていきました（ちなみに、僕が「こういう制度あったらよさそうやな」と提案すると、ほぼ大外しします。社内保育園がその代表的な例で、「誰が満員電車に乗って子どもを都心に連れてきたいねん」と猛反発を食らいました）。

自分はその選択肢を取らない。

けれど、あなたがその選択肢を取りたいんだったらどうぞ。

――他者と生きるうえでは、そういった姿勢が大切ではないでしょうか。

ルールを考えるための2つの原則

僕は新たな制度やルールをつくったり、意思決定を下したりする際、次の2つの原則を大切にしています。どのような時代でも状況でも変わらない、普遍的な原則です。

1、一人ひとりの希望を尊重する
2、社会の変化に合わせてルールを変える

1は、世の中にはいろいろな人がいるのだから、ひとつの生き方を押し付けるのではなく、本人が自分の希望に沿って選べるようにしよう、という原則です。たとえば「親は大工だが、私は別の仕事に就きたい」とか、「両親はAさんと結婚させたがっているが、私はBさんと結婚したい」とか、本人の希望を一番に尊重して選べるとか。

もちろん、全員の希望を同時に実現するのは難しいことです。しかし、「できるところから個人の希望を叶えられるようにしていこう。それこそが社会の進歩である」という考え方が、ひとつ目の原則には含まれています。

2は、「ルールは人間が時代に合わせてつくり出したものであるのだから、不都合があれば、また人間が変えていかなければならない」という原則です。

たとえば昭和のオフィスはタバコの煙モクモクで、向こう側が見えないくらいだった……という昔話を耳にしたことがあるでしょう。しかし、それを嫌だと感じる人が増えてきました。その結果、禁煙や分煙についてのルールができて、いまや僕の知る限り、煙がモクモクしているようなオフィスはもうありません。これは健康に対する意識の変化に合わせて、「煙を吸いたくない」という個人の希望が現れて、それに沿ってルールが変わったからです。

また、僕が子どものころは電話帳に名前や電話番号などがふつうに掲載されていました。でも、いまはそのいずれも見当たりません。なぜかといえば、電話帳を悪用する人たちが出てきたり、名前や電話番号を誰にでも見せることに疑問を感じる人が増えたりして、「許可なく名前や電話番号をばらさないでほしい」という個人の希望が現れて、個人情報についてのルールが変わったからです。

時代が変わっているなら、ルールも変えていかないといけない。

ルールとは、決して不変のものではないのです。

一人ひとりの希望を尊重する。社会の変化に合わせてルールも変えていく。この2つの原則は、選択的夫婦別姓における議論でもまったく同じです。

「みんなやってるんだから、ワガママ言わないでお前も合わせろよ」

「昔からこうなんだからそれに従えよ」

こんな主張がまかりとおる社会では、社会のルールが変わることがなく、困っている人は困り続けることになります。それは決して豊かな社会とは言えないと思いませんか。だいたい、先人がそうした圧力に屈さなかったからこそ、みなさんはいま、煙モクモクの部屋で働かずに済んでいるわけですから。

夫婦別姓に強固に反対される方々は「ワガママを言うな」「昔からのルールに従え」と言っているのと等しい。自分が困っていないから、現状維持が心地いいから、他の人が犠牲になってもいいと考えているのです。とても利己主義な考え方です。

僕は、そうしたスタンスには大反対です。

と、少々強い口調になってしまいましたが、制度やルール、社会を変えることに恐怖を感じるのもよくわかります。未知とは怖いものですし、自分が不便を感じていないことを変えることにピンとこないのも理解できる。だからこそ「知って、納得して、受け入れる」プロセスが大切だと思います。

そこでこの章では、徹底的に「知る」に重心をかけたいと思います。僕が訴訟を起こしてから続々と集まってきた反論、「夫婦別姓なんてはじめて聞いた」という方の疑問、「夫婦別姓にしてもいいと思うけれど、本当に大丈夫なのかな」と首をかしげる方の不安をひとつずつ紐解き、解決していきましょう。

ここまで述べてきたことと重複することもあるかもしれませんが、あらためて「まとめ」ということでお読みください。

考え方の基本編

まずは、夫婦別姓について、なんとなく賛成しきれない方や「反対寄り」と自認されている方々から「これってどうなの？」と聞かれることの多い疑問点についてお答えしていきたいと思います。

夫婦別姓を望むことはワガママなのか？　日本を壊すのか？　また、結婚する＝同姓にならなくても本当に夫婦になれるのか？　モヤモヤをスッキリさせていきましょう。

「姓を選びたいってワガママなのかな？」

自分らしく幸せに生きていきたい気持ちをワガママだとするなら、一人ひとりのワガママを受け入れ、変化する社会のほうが進歩的だと思います。

むしろ、本当にワガママなのは、他人に自分がいいと思うやり方を押しつけるほうでしょう。

「自分はカレーが大好きだから、カレーを食べたい」。それはどうぞ好きにしていただいていいのです。個人の自由ですから。

でも、ラーメンを食べたい人に対して「お前もカレーを食えよ。カレー以外食うなよ」と強制してくると話は変わってきます。食べるものを押しつけてくる人がいたら、本当に迷惑ですよね。選択的夫婦別姓に反対する人は、カレーを押しつけている人と同じです。夫婦同姓を他人に押しつけているのです。

他人の選択肢を奪うことは、とても暴力的です。他人の希望を奪うということですから。カレーとラーメン、他人がどちらを食べようが自分には関係ないのに、なぜ頑なに自分と同じ選択をさせたがるのでしょうか。

相手に「カレーを食え」と押しつける人たちは「自分と他人の区別」がまだついていないのだろうと僕は思っています。自分と他人の境界線があいまいなまま生きている。自分と他人が違うことを、本質的には理解できていない。だから自分と違う思想を許せないし、他人が自分の思うことをやらないとストレスを感じるのではないか、と。

しかし、その未熟さによって被害を受けるのはラーメンを食べたい人たちです。どうか周りの人のためにも、自他を切り分ける視点を持ってほしいものです。

カレーにラーメン、シチュー、焼肉、寿司。それぞれが食べたいものを自由に、それこそワガママに選べる。そんな社会のほうが、ずっと豊かで幸福度が高いですよ。

「家族の一体感が失われてしまうんじゃない？」

一家を象徴する姓がなくなることで家族がバラバラになるのでは、と不安を持つ方もいらっしゃるかもしれませんが、そんなことはありません。朝倉さん（121ページ）が「他人が自分たち家族の絆を論ずるな」とおっしゃっていましたが、まさにそうでしょう。家庭は姓によって規定されるものではなく、人間同士が築いていくものなのです。

昔ながらの家族の象徴である仲良し家族の『サザエさん』一家は、じつは全員が同姓ではありません。波平さんとフネさん、カツオくん、ワカメちゃんは磯野さん、サザエさんとマスオさん、タラオちゃんはフグ田さんです。

それでも彼ら7人プラス1匹(タマ)、なかなかの一体感でしょう。絆、深そうでしょう。少なくとも、外からはそう見える。そう考えると、姓が同じかどうかは家族の絆にはあまり影響を及ぼさない気がします。

いやいや、そんなのフィクションじゃないか、と思われた方。よくメディアで取り上げられる「理想の夫婦ランキング」を見てください。ほとんどが夫婦別姓のまま働いている芸能人カップルです。夫婦で姓は違っていても「理想の夫婦」、つまり絆や一体感があると認識されているのです。

いやいや、そんなの芸能人の話じゃないか、と思われた方。「所詮芸名じゃないか、戸籍上、別姓などあってはならないんだ」ということでしょうか。

では聞きます。一般的な日本人は、戸籍を1年間に何回見るでしょうか？　僕自身は、数年に1回程度です。自分と家族の姓の欄を見て、「よし、みんな西端だな」と満足したことは一度もありません。「戸籍上同姓であること」がいったいどれほど僕らの家族観に影響を与えているか、かなりあやしいと思うのです。

もうひとつ。子連れ離婚をした際、「子どもは小学校に入っているから姓を変えさせるのはかわいそうだ」と自分だけ旧姓に戻すお母さんはたくさんいます。そのとき、今の戸籍制度では、親子でありながら別々の戸籍に登録されることになります。そうした、戸籍を共にしないすべての親子に「絆がない」と言えるでしょうか？

以前、僕は元大阪府知事の橋下徹さんに「青野さん、いい活動してるね」と声をかけていただいたことがあります。続けて、橋下さんは笑顔でこう言いました。

「僕もじつは再婚家庭の子どもで、親子別姓なんだよ。でもね、間違いなく家族だった」

本当にそうだ、と思います。


そもそも、「一体感」という言葉はきわめて抽象的です。僕の家族に一体感があるのかどうか、自分ではよくわかりません。戸籍姓を揃えることで一体感を感じてお互い助け合うようになるのであれば、世界の中で日本だけが離婚どころか夫婦喧嘩もしない国になっているはずです。しかし、そんなことはありませんよね。

もちろん姓を揃えることで一体感を感じたい人は、夫婦同姓を選択するのがいいと思います。でも、それを他人の家族にまで押し付ける必要はありません。

そして、「同姓にする」のほかにも一体感をつくり出す手段はいろいろあります。たとえば全員でおそろいの服を着たら、かなりの一体感を感じられるはず。ちょっと目立ちますが、間違いなく「家族」を実感できると思いますよ。

「同じ戸籍に入る以上、同じ姓を名乗らないと問題が起こるんじゃないの？」

逆に、違う姓のまま同じ戸籍に入ることができれば、多くの問題が解決します。たとえば、先ほど紹介したように子連れ離婚で親だけが旧姓に戻した場合でも、親子で別々の戸籍にならなくて済みます。もともと戸籍というのは親と子供をまとめるための情報管理の仕組みです。親子なのに別の戸籍になってしまうほうがおかしいわけで、「同一戸籍・同一氏」をやめたほうが合理的でしょう。

また、２０２１年春のこと。アメリカで別姓のまま結婚した日本人夫婦が帰国後、「日本でも夫婦別姓で婚姻関係を認めてほしい」と訴訟を起こし、棄却されました。しかしこれは「事実上、別姓派の勝訴」とも言われ、大きな注目を集めたのです。どういうことか。

判決文の中で、「（この２人の）婚姻自体は、有効に成立していると認められる」と明言したからです。裁判所が、「この夫婦は法律婚をしていますよ。でも、（２人の姓が違うから）戸籍には登録できません」という現状を認めてしまいました。

本来、新しく戸籍をつくり、名前を連ねることが、「法律上の家族」になるステップのはずです。ところが、そのステップを踏まなくても日本で婚姻関係を認めさせる方法が見つかってしまった。憲法学者の木村草太さん曰く、「戸籍不記載法律婚」という前例ができてしまったわけです。戸籍に不記載なのに法律婚できる——とんでもないバグがあることが明らかになってしまいました。だから、

「選択的夫婦別姓制度がなくても、アメリカに行って別姓で結婚して日本に戻ってくればいいんじゃないの？」

「戸籍に書かなくても結婚できるなら、そもそも戸籍っていらなくない？」

と、法曹界や事実婚のカップルから、別姓反対派まで、多くの人がざわざわしているわけです。

では、なぜそんなバグが発生したのか。いつまでも「同一戸籍・同一氏」のルールに縛られているからにほかならないでしょう。同じ戸籍に違う姓が「同居」できるようになれば、さまざまな問題がするするとほどけていくのです。

一地裁が出した判決ですから、歴史的判決とまでは言えないかもしれません。ただ、夫婦別姓の議論に大きなインパクトをもたらしたのは事実です。

「同一戸籍・同一氏」に固執する人がいることで、戸籍制度の大きな穴が見えてきた。戸籍制度を守るためにも「同一戸籍・同一氏」を改めたほうがいいのです。

「旧姓の通称使用を拡大すればいいのでは？」

旧姓の通称使用を拡大するということは、「本名ではない名前をどんどん使っていこうぜ」ということです。それが何を引き起こすか？　「コスト」と「リスク」の2つの側面から見ていきましょう。

まず現在、自民党の国会議員は、「旧姓の通称使用を拡大する」ことを推進しています。具体的には、マイナンバーカードやパスポート、運転免許証などで旧姓を併記できるようシステムを変更しました。その結果、本人が希望すれば、本名の姓の隣にカッコ書きで旧姓を併記できるようになりました。僕の場合だと、僕が希望すれば「西端（青野）慶久」と記載されます。

旧姓を併記できるようにシステムを変更するにはお金がかかりました。マイナンバーカードに旧姓併記できるようにするシステム変更には、なんと100億円以上の予算が付いたそうです。

しかしながら、世の中にはまだまだ数多くのシステムがあり、それらすべてで旧姓を併記できるようにシステムを変えることを想像すると、どのくらいのコストがかかるのか目眩《めまい》がしますね。

そして、これらの証明書に旧姓を併記してもらうためには、窓口に申請して再発行してもらわなければなりません。たとえばパスポートに記載している情報を変更してもらうための費用は、個人負担で6000円。安くありませんね。もちろん手間や時間もかかります。自分だけでなく、窓口の方々の手間も考えると、社会として結構なコストを払うことになります。

さらに、旧姓を併記しても、旧姓を使えるかどうかは別物です。

外務省のホームページの「旅券(パスポート)の別名併記制度について」というページに、こう書いてあります。「このため、(旧姓が)旅券面に記載されていたとしても、査証及び航空券を右呼称で取得することは困難と考えられますので、御注意ください」

つまり、パスポートに旧姓を併記しても、旧姓で査証(ビザ)を取ることも航空券を買うことも難しいのです。

そりゃそうです。パスポートにカッコ書きで旧姓を記載するなんて、日本の独自ルールです。海外の出入国管理制度や航空会社、ホテル、銀行、クレジットカード会社などが、日本の独自ルールに付き合ってくれるはずもありません。

こうなると、結局のところ、今までと同じように、場面によって戸籍上の姓と旧姓を使い分けないといけません。なんのための旧姓併記やら。

さらに、旧姓併記はプライバシー情報が漏れてしまうリスクがあります。

たとえば旧姓を併記している運転免許証を相手に見せたとき、本人の希望にかかわらず、「この人は結婚しているんだ」と伝わってしまう。もし珍しい戸籍姓が書かれていたら、誰と結婚したのかまで推測がついてしまう。また、以前は併記してあったはずの旧姓がなくなっていたら、「この人は離婚したんだな」と悟られる。本人確認をするだけで、婚姻情報が漏れてしまうのです（ちなみにヨーロッパでは、婚姻情報は個人のプライバシーであると明確に保護されています）。しかもそれが夫婦の片方だけ（現在ではほとんど女性）に強いられるわけで、これはたいへんな不平等でもあります。

ちなみに選択的夫婦別姓が実現したら、戸籍のシステム改修が必要になります。そこで、戸籍システムの仕様書を読んでみましたが、意外と低コストで対応できそうだと感じました。現在の戸籍システムは、一人ひとり個別に姓を登録できるようなデータベースになっています。ということは、戸籍管理のルールさえ変えてしまえば、同じ戸籍に複数の姓の人を登録できるはずです。もちろん僕の読みが甘い可能性はありますが、少なくとも大学時代に情報システム工学を専攻し、現在もIT企業の経営者としてさまざまなシステムに業務として関わっていますので、それほど大きく外れていないと思います。そして、戸籍システムさえ変えてしまえば、世の中の他のシステムには何も変更を加える必要はありません。素晴らしい！

また、旧姓の通称使用を拡大し、二つの名前を使い分ける人が多くなると、さまざまなところで名前を二重に管理しなければなりません。

たとえば、企業では総務部門や経理部門や情報システム部門などが、「Aさんの戸籍姓は○○だけれど、旧姓は××である」と管理しなければなりません。「給与明細には○○さんと書かれているけれど、これは××さんのことだ」とか、海外出張の手配を頼まれても「××というのは旧姓だから、航空券やホテルの予約をするときは〇〇として予約しなければならない」とか、余計なことに気を遣いながら仕事をしなければなりません。もしミスをしたら一度キャンセルしてやり直したり、場合によっては飛行機に乗れなくなったりホテルに泊まれなくなったりするリスクまであるのです。

さらに、災害時の本人確認も心配です。たとえば自治体から避難者名簿が発表されたときに、僕の場合だと本名の「西端慶久」と記されるでしょう。しかし、それが僕だと認識できない知人や友人も少なからずいるはずです。これは本当にあった話なのですが、僕の裁判を傍聴しようと裁判所まで来た人が、掲示板を見ても僕の裁判がどれかわからず、判決を聞き逃してしまったことがありました。掲示板には本名である「西端慶久」と書かれていたからです。

「別姓婚だと離婚しやすくなっちゃうの？」

これはかなり言いがかり的な理屈だと思います。現在の日本では、夫婦同姓で結婚した夫婦のうち、３組に１組が離婚しているので、少なくとも夫婦同姓が離婚を防いでいる感じはしません。

そもそも僕は、離婚が悪いことだとは思いません。「顔も見たくない」「なんでこの人と結婚してしまったんだ」といったネガティブな思いを抱えたり、ときにはＤＶを受けたりしながら苦しい結婚生活を続けるより、思い切って離婚したほうが幸せになれる可能性は高いと思います。

別姓婚で離婚が増えるかどうかはわかりませんが、結婚は間違いなく増えるでしょう。いま、姓を変えたくないという理由で事実婚を選択している夫婦や、結婚を躊躇しているカップルは、夫婦別姓を選べるようになれば、すぐに結婚するでしょうから。

そしてもうひとつ。夫婦別姓を選べるようになれば、夫婦ゲンカの種は減りますよ。「相手のせいで姓を変えざるを得なかった」と相手を恨むこともないし、有給を取って面倒な手続きに奔走し、イライラすることもない。自分が姓を変えなかったばかりに、相手に姓を変えさせてしまった……と罪悪感を抱く必要もない。

どう考えても夫婦関係によい影響のほうが多いですし、幸せな家庭は増えると思います。

「別姓がいいなら事実婚でもいい？」

事実婚でも幸せな夫婦はたくさんいますが、問題はあります。法律で定められている、結婚によるさまざまな権利が生じないのです。

たとえば、相続。法律婚でない場合、相続権が発生しません。カップルとして長年仲良く生きてきたのに、事実婚である以上、法的には相続人にはなれないのです。

子どもの親権も、片方にしか認められません。

さらに病院で手術が必要になったとき、「家族の同意が必要です」と言われても事実婚だと家族とみなされない問題も生じています。

ほかにも、保険会社によっては夫婦型の医療保険に加入できないとか、携帯電話の家族割が使えないといった細かいデメリットもあります。少なくとも法律婚と同じだけの安全を得られず、権利が発生しないのが事実婚なのです。

そもそも婚姻という制度は、「安心して結婚できるように」つくられているわけですから、事実婚にデメリットがあるのは当然です。選択的夫婦別姓を実現すれば、多くの事実婚の夫婦が法律婚に移行して、安心して生活できるようになるのです。

強硬な反対派に対する反論編

ここからは、一部の強硬な反対派が声を上げて訴えている内容について、僕なりに反論していきたいと思います。

「夫婦同姓は日本の伝統だ。伝統は守らねばならない！」

じゃあ、お前、明日からチョンマゲな。

——と、言いっぱなしも失礼なので具体的にお話ししましょう。

これまでの日本社会を振り返ってみても、すべての伝統を残してきたわけではありません。社会の変化やそこで生活する人の声を受け、ときに伝統と呼ばれるものや昔からの風習を捨てたり、変えたりしてきました。

現に、もし服装や食事、住居などを江戸時代やそれ以前に戻されたら……困りますよね。「日本の伝統は一日二食だから」と言われたら、そちらに回帰するのか。僕は嫌です。もっといえば、反対派の方が大事にしている日本の家制度も、明治維新のタイミングで社会がガラッと変化したからこそ生まれたのであって、それ以前は「伝統」ではなかったのです。

僕たち人類は500万年の歴史の中で、その時代に生きる人たちが好み、重視する伝統だけを引き継ぎながら変化してきました。これからもそれでいいじゃないですか。やり続けたい人がやり続ければいいのです。これからも夫婦同姓は素敵な伝統だと思う人がい続ける限りは、未来永劫引き継がれていくはずです。

選択的夫婦別姓は、伝統を守りたい人は守れるし、新たな伝統をつくりたい人はそうできる、柔軟な制度なのです。

「個人主義が広がり、社会が崩壊する！」

個人主義には、２つのパターンがあります。「自分さえよければいい」という個人主義と、「自分も他人も、それぞれ大事」という個人主義です。

選択的夫婦別姓が目指す個人主義は、もちろん後者です。一人ひとりがそれぞれの幸せを実現できる個人主義です。

個人が大事ということは、すなわち自分も大事、あなたも大事、子どもも大事、あの人も大事ということです。これが近代社会における、真の個人主義だと僕は思います。この個人主義に照らし合わせると、選択的夫婦別姓は社会に必要です。

自分の信じる価値観を相手にも押しつけたいのは、ただの「利己主義」。その意味で、現在のように夫婦同姓を押しつける制度のほうが、利己的な個人主義だと思うのですが、いかがでしょうか？

「別姓推進派は戸籍制度を破壊しようとしている！」

僕から見ると、むしろ逆です。76ページでお話しした子連れでの離婚の例もそうですが、選択的夫婦別姓を認めないことで、かえって戸籍の価値を毀損していると思います。

また、「同一戸籍・同一氏」にこだわれば、今後、戸籍はどんどん使われなくなってしまうでしょう。その代表が事実婚です。彼らは（もちろん積極的に法律婚を選択しなかった方もいらっしゃいますが）戸籍の不便さにさじを投げ、戸籍を諦めた人々と言えます。

「旧姓の通称使用」も、要は「戸籍に書かれている氏名が使われなくなる」ことになります。「氏名を管理する」という戸籍本来の意味が薄れてしまうわけで、これもまた戸籍の存在価値を貶めるのではないでしょうか。

一方、夫婦別姓賛成派が望んでいるのは、戸籍に書かれた氏名を生涯変えずに使い続けられる制度をつくること。こちらのほうが、はるかに戸籍を大事にしているでしょう。

僕たち別姓賛成派は、決して戸籍制度を壊そうとしているのではありません。戸籍を時代に合わせて進化させようとしているのです。

「同一戸籍・同一氏」のルールを頑なに変えないから、戸籍にまつわる問題が増えています。「同一戸籍・同一氏」のルールさえやめれば、事実婚にとどまっている夫婦が婚姻届を出す――つまり同じ戸籍に入るケースも増えるはず。戸籍のプレゼンスは上がるでしょう。戸籍の未来のためにも、選択的夫婦別姓を。

「離婚してもわからなくなるのは困るだろう！」

明らかに前提がおかしいです。先ほどお話ししたとおり、婚姻情報はプライバシー。それがダダ漏れになっていることのほうがおかしいと考えましょう。

それでも「結婚しているかどうかわかったほうがいいじゃないか」と主張するのであれば、結婚したら夫婦の両方が姓を変えて、離婚したら夫婦ともに姓を戻すような制度改革を訴えるべきです。そうすれば、平等にプライバシーが漏れますからね。もっとも、そんなことに意味がないのは言うまでもありませんが。

ちなみに同じような反対意見で、「女性が不倫しやすくなる！」という主張も見かけます。これは意味がよくわからないのですが、主に姓を変えない男性側の発想で、「妻が姓を変えないままでは、結婚していることが周知できない」、あるいは「妻が姓を変えないということは、夫に従うという忠誠心に欠けてしまう」ということだそう。なかなか女性蔑視で失礼な発想です。もしこの理屈が通るのであれば、男性も平等に不倫しづらくするために、やはり夫婦の両方ともが姓を変えることを主張すべきかと思います。

ただ、不倫したい人は、姓を変えたかどうかとはまったく関係なく不倫すると思いますよ。

「犯罪が増える！」

選択的夫婦別姓で犯罪がどうなるかといえば、おそらく変化はないし、もしかすると数は減る可能性があると思います。なぜかといえば、一生名前を変えない人が増えるから。ある意味、いまの日本の婚姻制度は名前をころころ変えられるわけです。青野という姓で罪を犯しても、誰かと結婚して離婚して、名前を戻さなければ青野姓を捨てられますから。要は、姓をロンダリングすることが（原理的には）できるわけです。

一方で、選択的夫婦別姓はある意味「名前を変えない人が増える」という取り組みですから、むしろ本人の特定はいまよりやりやすくなるはず。平和を目指すなら、選択的夫婦別姓を。

……と、これはまあ冗談ですが、「犯罪が増える論」はまったく根拠がありません。ご心配なく。

「別姓制度ができて、妻が姓を戻したいと言ったらどうするんだ！」

新潟の市議会で講演したとき、50歳くらいの男性議員から、「どうしても気になることがあります」と質問がありました。「制度ができたら、いま、結婚してる人も名前を戻したりするんですか」

僕が、「まだわかりませんが、おそらく期間を区切るなど救済措置的に夫婦別姓を選べる——つまり旧姓に戻す選択肢をつくることになると思いますよ」と答えたところ、次のようにおっしゃったのです。

「ということは、うちの妻が名字を戻したいと主張する可能性があるってことですか」

そうですと答えると、「うーん」と言葉に窮している。そこで僕は言いました。

「喜んでください、希望が叶えられたらあなたのパートナーはもっと幸せになりますよ。それを受け入れるあなたのことをもっと好きになりますよ」

また、男性側からは「やっぱり夫婦なんだから同姓がいいと思うんですよね」と言われることもあるのですが、そのときに「では妻側の姓に合わせたらいかがですか？夫婦同姓になれますよ」と言うと、難色を示す。「もしそれが嫌だと思うのであれば、そんな嫌なことを相手に押しつけるのはやめたほうがいいですよ」と申し上げる。これも、よくあるやりとりです。

パートナーは、所有物ではありません。自分と同一の存在でもありません。他人です。自分と相手を切り分けること、相手の希望を尊重すること、自分が嫌なことを相手に押しつけないことは、夫婦であっても忘れてはならない大原則でしょう。

自分が無意識のうちに、相手をないがしろにしていないか。胸に手を当てて、よく考えてみてほしいと思います。

子どもの名前編

選択的夫婦別姓になっても、子どもの姓が不安定になることはありません。どちらの姓を名乗らせるか揉めることもないでしょう。

じつは、平成8（1996）年には法務大臣の諮問機関である法制審議会が、選択的夫婦別姓制度の法改正案をすでに作成しています。そこでは選択的夫婦別姓が導入された場合の戸籍のかたちも提示されていて、それは現在の「家族がひとつの戸籍に入る」形式のままなのです。

民法上の夫婦別姓制度が導入されても、戸籍法上の夫婦別姓制度が導入されても、戸籍の姿は変わらない。つまり、「戸籍筆頭者の氏が子の氏になる」現在の方法はそのままということになります。

子どもの姓は、いままでどおり。結婚するときにカップルが選んだ、戸籍筆頭者の姓になる。これが、アンサーです。

とはいえ、これも時代に合わせて改正を検討していくことになるだろうとは思います。両親が別姓婚の場合、子どもは成人するときにどちらの姓にするか選べるようになるかもしれませんし、諸外国のように、両親の名字をくっつけて子どもの姓にする時代が来るかもしれません。いずれにしても、個人や社会のニーズに応えながら変化させていく必要があるでしょう。

余談ですが、日本では離婚したとき、妻が子どもを引き取るケースが8割だと聞きました。本当に子どものことを慮《おもんぱか》るのであれば、結婚して同姓にするとき妻の姓に合わせるほうがよほど合理的だと思うのですが、そこらへんはあまり議論されませんね。不思議なものです。

「子どもの姓はどうなるの?」

選択的夫婦別姓は、その名のとおり「夫婦」の姓のルールであって、子どもの姓のルールは変わりません。子どもはいままでと同じように戸籍筆頭者の姓を引き継ぎます。子どもの姓が不安定になったりしませんのでご安心ください。

「夫婦が別姓になると子どもの姓を奪い合うのでは?」と心配する方がいらっしゃいます。しかし現在の制度でも、子どもには夫婦どちらかの姓しかつけられないわけですから、じつはすでに子どもの姓を奪い合っています。夫婦がお互いの姓を奪い合う陰に隠れて目立たないだけです。そして、夫婦別姓にしたい人たちの多くは、子どもの姓を奪いたいのではなく、使い慣れた自分の姓を変えたくないだけなので、ほとんどのケースで問題は解決します。

夫婦別姓と併せて子どもの姓のルールも変更したいという意見もあります。たとえば子どもが生まれるときに改めて選びたいとか、子どもが2人できたら夫婦それぞれの姓をつけ分けたいなど、さまざまな希望があります。それぞれの事情に合わせて選択肢が増えるといいですね。

ちなみに台湾では出生時に子どもの姓を決めるのですが、どうしても夫婦で決められないときは、役所に行って抽選で決めるのだそうです。それはそれで公平な決め方かもしれませんね。

「親子で姓が違うことを理由に子どもがいじめられる」

いじめは、いじめる側に問題があります。どんな理由があっても、いじめてはいけません。大切なのは、いじめる子への教育です。「それぞれの家庭があって、幸せのかたちもいろいろあるんだよ」と世の中の多様性を教えてあげればいいのです。いじめ、ダメ、絶対。

また、いまも国際結婚の家族は夫婦別姓かつ親子別姓が多いです。事実婚をしている家族も同様です。子連れで離婚・再婚した家族においても、親子で違う姓を名乗ることは珍しくありません。そしてそのことで子どもがいじめられたり、悩んだりしたりしないことは、いままでご紹介してきた通りです。

それに……自分が子どものころを、よく思い出してください。子どもの興味はもっとほかにあると思いませんか？「友達のお父さんとお母さんの姓」は、子どもの興味関心からすると、ちょっとニッチすぎる。なにより、選択的夫婦別姓が社会に浸透すれば、いじめるほどのマイノリティでもなくなるはずです。

どの要素をとっても、「だから夫婦別姓はやめておこう」とはならないのです。

「子どもの友だちの親を何と呼べばいいのか」

じつは、僕が考える選択的夫婦別姓の最大のデメリットはこれです。たとえば西端太郎くんのお父さんに、「西端さん」と話しかけていいのか、もしかしたら違う姓なのではないか、と悩む問題です。これは夫婦別姓の家族が増えれば、必ず起きると思います。

とはいえ、いままでも結婚して姓を変えた人に旧姓で話しかけてしまうこともありますし、事実婚や国際結婚や離婚・再婚で親子別姓の家族に配慮せずに呼んでいることもあるでしょう。そして、それが問題になったという話は聞いたことがありません。

いまでもパパ友同士で集まると、無難に「〇〇くんのお父さん」と呼んだり、呼ばれたりすることがありますね。こういった呼び方が広まるかもしれません。

ただ、これは僕の勝手な推測なのですが、選択的夫婦別姓が日本社会に浸透していくと、「太郎さん」「花子さん」のように下の名前で呼び合うことが増えるのではないかと思います。結婚して姓を変えても変えなくても、下の名前は生まれてから死ぬまで同じ。安心してずっと呼べるのは下の名前、となるわけです。

選択的夫婦別姓が実現しても、発生しそうな社会の混乱はこの程度です。デメリットよりもメリットのほうがはるかに大きいのは間違いありません。だからこそ、一日でも早く実現されるよう活動していきたいですね。

おわりに

ついに「選択的夫婦別姓」の実現が近付いてきました。賛成する人たちが多数派になり、自民党の国会議員も、ようやく活発に議論するようになりました。メディアで頻繁に取り上げられるようになったので、世の中では夫婦別姓問題への理解が深まり、さらに賛成する人が増えていく流れができています。

僕たちがこの社会で生きていく上で、選択肢が増えることは、おおむねよいことだと思います。一人ひとりが自分の希望に合わせて選べるようになれば、より自分らしく生きられるからです。結婚するときに、姓を変えたい人は変えればいいし、変えたくない人は変えなくていい。日本国民の幸福度は間違いなく上がるでしょう。

振り返ってみれば、僕たちの先人は、いままでにさまざまな場面で選択肢を増やしてきました。たとえば、職業を選択する自由、住むところを選択する自由、今日何を食べるのか、明日どんな服を着るのか。日本で暮らす僕たちは、たくさんの選択肢を持っていることに気づかされます。

そして、これからも僕たちは選択肢を増やしていくのだと思います。どのような環境に生まれても、自分らしく生きることを諦めなくて済むように。障がいを持って生まれても、性的マイノリティであっても、難病にかかってしまっても、自分らしく生きる選択肢を持てる社会を目指していくのだと思います。

その点、世界はまだまだ発展途上です。いま、世界では「格差」や「分断」が大きな問題になっています。一部の人たちだけが選択肢を増やし続けている一方で、残りの人たちの選択肢が減っていることがこれらの問題の背景にあります。たとえば、「真面目に働けば余裕を持って暮らせる」という当たり前の選択肢を持てない人が増えていたり、貧しい家庭の子どもたちが「高等教育を受ける」という選択肢を持ちづらくなっていたりします。

ですから僕たちは、せっかくの選択肢が一部の人たちに偏りすぎていないか、広く社会を見回しながら、バランスのよい社会を目指していくことが大切です。

もし、誰もが多くの選択肢を持てる社会をつくれたとしても、その社会はじつはそんなに甘くはありません。選択肢があっても、選ぶためには知識や勇気が必要で、そこに責任を伴うからです。

たとえば僕が所属しているサイボウズでは、働く時間や場所を自分で選べます。一人ひとりが自分らしい働き方を選べる一方で、自分で決断し、自分で責任を取る覚悟も必要です。「明日、何時から働けばいいでしょうか?」と聞かれても、「自分で考えて、自分で決めなさい」と返されるわけです。最近はどの部門でどんな仕事をするかも自分で選べるようになりました。ですから人事異動は、自分で考えて自分から提案しなければいけません。

選択的夫婦別姓制度が実現されれば、やはり選ぶ必要がでてきます。制度がなければとくに深く考えずに男性側の姓に改姓していた女性も、制度があることを知れば考えるきっかけになるでしょう。

これはある意味、とても厳しい社会です。

「自分はどのように生きたいのだろうか?」「何が自分の幸せなんだろうか?」

正解がわからない問いを立てて、自分の価値観を自分で見つけ出し、知識と勇気を持って選んでいく社会に向かっているのだと思います。

残念ながら、現在の日本の教育は、子どもたちに「選ぶ」トレーニングを充分には提供できていません。たとえば「今日はどの科目を学ぼうか」「どの先生から教えてもらおうか」などと考えたこともないでしょう。子どものころから選ぶ習慣を繰り返すことで、これからの社会を自分らしく生きていける若者を育てていきたいですね。

とはいえ人間は弱い生き物です。誰もがすぐ上手に選べるようになるとは、とても思えません。

だからこそ、互いに情報交換をして選ぶことを助け合ったり、間違えて選んでしまったときには選び直せる道をつくったり、この難しい「選ぶ」という行動を支援する社会の基盤が求められるでしょう。

間違っても、「私に聞かないで。あなたが勝手に選べばいいでしょ」とか、「選んだのはあなたなんだから、あなたがすべて責任を背負いなさい」とかいう、冷たい社会に向かわないようにしたいものです。

さあ、楽しく選べる社会を。僕と一緒に創っていきましょう。

2021年10月吉日

サイボウズ株式会社
代表取締役社長　青野慶久

主要参考文献

・『事実婚と夫婦別姓の社会学』/阪井裕一郎/白澤社/2021年
・『夫婦別姓大論破!』/八木秀次、宮崎哲弥(編)/洋泉社/1996年
・『家族と法―個人化と多様化の中で』/二宮周平/岩波新書/2007年
・『氏名の誕生――江戸時代の名前はなぜ消えたのか』/尾脇秀和/ちくま新書/2021年
・『ルポ 定形外家族 わたしの家は「ふつう」じゃない』/大塚玲子/SB新書/2020年
・『論究ジュリスト』2016年夏号(ジュリスト増刊)/有斐閣

構成／田中裕子（ｂａｔｏｎｓ）
カバー、図版／フロッグキングスタジオ
校正／麦秋アートセンター

協力／作花知志

弁護士、作花法律事務所代表。２００４年弁護士登録。２０１２年作花法律事務所開設。最高裁判所大法廷平成27年12月16日判決で違憲判決が出された女性の再婚禁止期間違憲訴訟を担当した。所属委員会：日弁連国際人権問題委員会など。

青野慶久
あおの・よしひさ
サイボウズ株式会社代表取締役社長。1971年生まれ。愛媛県今治市出身。大阪大学工学部情報システム工学科卒業後、松下電工（現 パナソニック）を経て、1997年愛媛県松山市でサイボウズを設立。2005年より現職。社内のワークスタイル変革を推進し離職率を10分の1に低減するとともに、3児の父として3度の育児休暇を取得。また2011年から事業のクラウド化を進め、2020年にクラウド事業の売上が全体の75%を超えるまでに成長。総務省、厚労省、経産省、内閣府、内閣官房の働き方変革プロジェクトの外部アドバイザーを歴任。著書に『チームのことだけ、考えた。』（ダイヤモンド社）、『会社というモンスターが、僕たちを不幸にしているのかもしれない。』（PHP研究所）などがある。

ポプラ新書
213
「選択的」夫婦別姓
IT経営者が裁判を起こし、考えたこと
2021年11月8日 第1刷発行

著者
青野慶久
発行者
千葉 均
編集
木村やえ
発行所
株式会社 ポプラ社
〒102-8519 東京都千代田区麹町 4-2-6
一般書ホームページ www.webasta.jp
ブックデザイン
鈴木成一デザイン室
印刷・製本
図書印刷株式会社

N.D.C.361/214P/18cm ISBN978-4-591-17116-5
JASRAC 出 2108654-101

P8201213

生きるとは共に未来を語ること　共に希望を語ること

昭和二十二年、ポプラ社は、戦後の荒廃した東京の焼け跡を目のあたりにし、次の世代の日本を創るべき子どもたちが、ポプラ（白楊）の樹のように、まっすぐにすくすくと成長することを願って、児童図書専門出版社として創業いたしました。

創業以来、すでに六十六年の歳月が経ち、何人たりとも予測できない不透明な世界が出現してしまいました。

この未曾有の混迷と閉塞感におおいつくされた日本の現状を鑑みるにつけ、私どもは出版人としていかなる国家像、いかなる日本人像、そしてグローバル化しボーダレス化した世界的状況の裡で、いかなる人類像を創造しなければならないかという、大命題に応えるべく、強靭な志をもち、共に未来を語り共に希望を語りあえる状況を創ることこそ、私どもに課せられた最大の使命だと考えます。

ポプラ社は創業の原点にもどり、人々がすこやかにすくすくと、生きる喜びを感じられる世界を実現させることに希いと祈りをこめて、ここにポプラ新書を創刊するものです。

未来への挑戦！

平成二十五年　九月吉日　　株式会社ポプラ社